KB097977

역사는 현재다

ON HISTORY
by Tariq Ali and Oliver Stone

First published in English by Haymarket Books, USA.
This Korean edition was arranged with Roam Agency through Best Literary & Rights Agency, Korea.

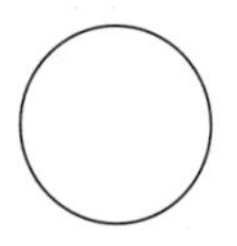

역사는 현재다

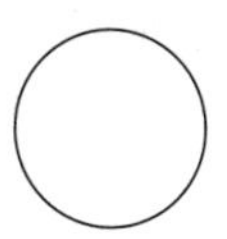

우리의 오늘을 있게 한 역사에 대하여

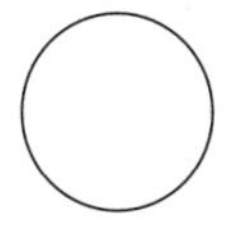

타리크 알리, 올리버 스톤 대담
박영록 옮김

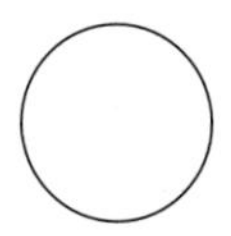

오월의봄

차례

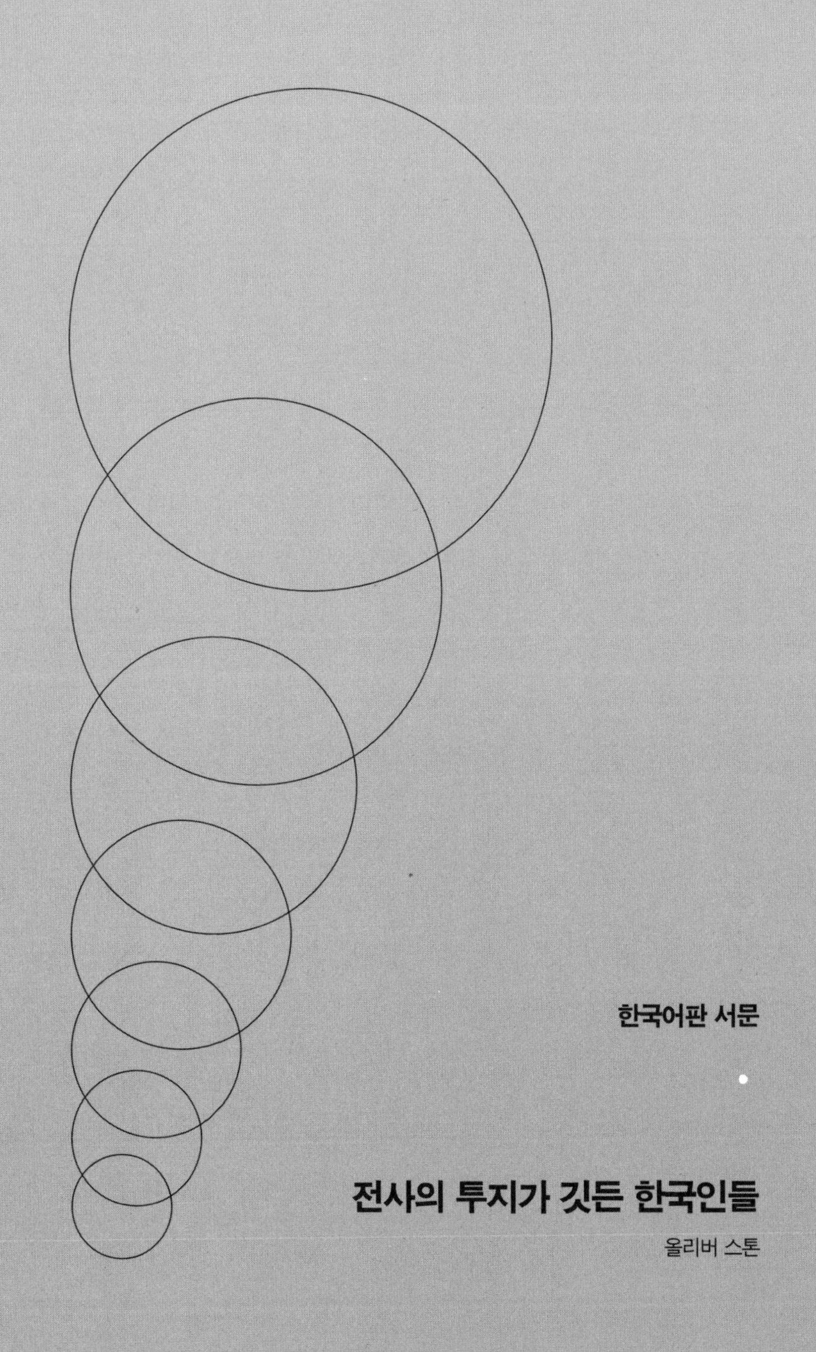

한국어판 서문

전사의 투지가 깃든 한국인들

올리버 스톤

오늘날 서울의 북적이는 거리나 쇼핑몰을 걷다보면, 밝게 빛나는 젊은 얼굴의 물결을 마주치고 소비자들의 천국을 약속하는 듯한 네온사인 간판에 휩싸인다. 그럴 때면 군중 속에서 이질적인 몇 안 되는 나이 많은 사람들의 얼굴을 호기심 있게 바라보게 된다. 쇼핑객들의 흐름에 묻혀 눈에 잘 띄지도 않는 그들의 모습은 구식 옷을 입은 게 꼭 빛바랜 그림엽서에서 걸어 나온 듯하다. 그런 순간에 나는 그 사람이 20세기 중반이라는 그 끔찍한 세월을 어떻게 견딜 수 있었을지, 그리고 이 새로운 한국에 대해 어떤 생각을 할지 궁금해진다. 그런 끔찍한 비참함 속에서 살아남은 뒤, 이제 그런 과거는 거의 다 잊은 채 물질주의의 세례를 받고 있는 땅에서 살아간다는 게 어색해 보인다.

제2차 세계대전이 끝날 때 세계는 고무되어 있었다. 하지만 동유럽, 중동, 아시아에서 새롭게 그어진 국경을 넘나들며 집을 구하던 수백만의 굶주린 난민에게 닥쳐온 건 전쟁보다 훨씬 더 위험한 생존 투쟁이었다. 수백만 명이 끝내 목숨을 잃었다. 특히 한국에서도 이 시기의 상황은 심지어 일제 강점기 때보다 좋지 않았다.

나의 조국인 미국은 일본과 독일 재건에 정신이 팔려 한국에 대한 고민은 뒷전으로 미뤘다. 한국은 관심권 밖에 있었다. 한국은 지형이 극단적으로 험난한데다 천연자원도 거의 없어 그야말로 잊힌 땅이었다. 다부지게 생겨서 절제심이 강할 것 같은 사람들은 몽골인 같은 북방계 얼굴을 지니고 있었고 어려운 언어를 사용했다. 한국전쟁 당시 윈스턴 처칠은 이렇게 말했다. "내 나이 일흔넷이 되도록 그 피투성이 장소에 대해서는 들어본 적도 없다." 한국전쟁은 비극적이게도 미국과 소비에트 연방 사이의 첫 번째 대리전이었다. 한국 국민들은 소비에트식 공산주의가 미국식 자유를 파괴하려 한다는 역사적 서사에 갇혀 아무런 목소리도 내지 못한 채 그저 짓밟혀야 했다. 그럼에도 이승만 정권이 대부분의 남한 사람들에게 북한의 김일성 정권만큼이나—어쩌면 그보다 더—억압적이었다는 사실을 아는 미국인은 거의 없었다.

미국은 이승만을 그곳의 마피아 보스로 만들고, 많은 양의 돈과 무기를 제공하는 등 후원을 아끼지 않았다. 이는 미국의 수많은 결정적 오판 중의 하나다. 이승만은 '우리의' 독재자였고, 그의 정부는 2차 세계대전 당시 일제에 협력했던 수많은 부역자들로 꾸려졌다. 이후 자신의 삶에 대해 발언권을 가지고 싶어한 사람들, 인민위원회*의 토대에서 의미 있는 사회를 만들고자 했던 사람들, 토지와 노동 분야의 개혁을 원했던 사람들, 집단농장 공동체의 필요성을 얘기했던 사람들이 목숨을 잃거나 투옥되었다.

21세기에 들어서야 마침내 진실화해위원회에서 이 시기에 대한 정확한 기록을 남겼다. 빈민들을 학살하고, 그들의 삶을 뿌리째 흔드는 일이 광범위하게 벌어졌다. 극단적인 반공주의를 내세운 이승만 정권은 미국의 지원 또는 사주를 받아 제주도에서 3만 명 이상의 민간인을 살해하고, 200개 이상의 마을을 완전히 불태워버렸다. '공산주의자' 용의자들을 대상으로 그와 유사한 학살이 여수, 대전, 창원 등 여러 지역에서 저질러졌고, 때로 이에 대한 책임을 북한에 전가하기도 했다. 이러한 패턴은 한국전쟁 시기를 거쳐 박정희 독재시대로 이어졌고, 급기야 1980년 광주에서 벌어진 피의 대학살을 야기했다.

2차 세계대전 당시 일본인들을 대상으로 한 미국인들의 인종주의에 대해 알게 되고, 이후 베트남인들을 향한 인종주의를 직접 목격하고 나니, 한국 국민을 대상으로 한 미군과 CIA의 만행이 놀라운 일만은 아니었다. 미군 병사 대부분에게 한국인은 사람이 아니었다—한국인은 '국스gooks'** 였고, 벌레였다. 그렇게 많은 한국인들이 미군의 폭탄과 총에 숨을 거뒀다. 미 공군은 2차 세계대전 종

---

* 1945년 광복 직후 전국 각지에서 조직되었던 민중 자치 기구. 이념 대립 없이 민족주의 계열과 사회주의 계열이 어울린 단체로, 치안·행정·식량 배급 등의 업무를 보았다.

반에 일본을 폭격할 때처럼 무자비하게 한국을 폭격했다. 이 전쟁으로 희생당한 사람들은 가족을 제외한 모든 이들에게 오랫동안 외면당해왔다. 미국의 역사가인 시카고 대학의 브루스 커밍스Bruce Cumings 교수는 처음으로 미국인의 시선으로 한국에서 벌어졌던 일을 바라본, 일련의 놀라운 책들을 집필했다. 그럼에도 미국에선 여전히 많은 사실이 외면당하고 있다.

그런 만큼 천연자원도 거의 보유하고 있지 않은 한국이 오늘날 세계 10대 경제 강국으로 성장한 건 정말 놀라운 일이다. 이러한 재건과 회복을 이끈 힘은 희망을 보여주는 기념비적인 사례가 되고 있다. 또한 비참함 속에서도 자립심과 용기만 있다면 최악의 시기도 견딜 수 있다고 믿는 모든 이에게 의미 있는 상징이 되고 있다. 심지어 오늘날에도, 한국인들의 정신은 제주도 주민들의 단호한 얼굴 안에서 빛나고 있다. 그들은 미 해군 기지가 제주도에 들어서는 데 분노하여 끈기 있게 계속해서 항의하고 있다. 이 대형 기지는 환경 및 주변 농민과 어민의 생계를 파괴할 뿐 아니라, (어쩌면 중국과의) 또 다른 전쟁을 불러올 수도 있다는 점에서 세계를

** gook: 동아시아인, 특히 한국인을 지칭하는 경멸적인 표현이다. 한국인들이 '미국'이라고 말할 때, 미군 병사들이 이를 'me gook'으로 오해한 데서 유래했다.

위협하고 있다. 미국의 독립영화 감독인 레지스 트렘블레이Regis Tremblay가 만든 훌륭한 다큐멘터리 〈전쟁의 중심에 놓인 제주Jeju: In the Crosshairs of War〉는 이 문제를 다룬 작품이다.

한국전쟁 시기에, 나는 크리스마스트리 밑에 놓인 특이한 선물을 받은 적이 있다. 한국 농촌 소녀의 모습을 본떠 만든 인형이었다. 양 갈래로 땋은 머리를 하고 있었고, 얼굴은 평범하면서도 즐거운 표정이었다. 그 인형은 무언가 특별한 의미를 주었지만, 나는 그 의미가 무엇인지 설명할 수 없었다. 너무 어렸던 것이다. 나는 그 인형을 건드리지도 않았지만, 이후 수년 동안 많은 장난감 병정과 축구/야구 영웅 피규어 사이에 놓아두었다. 그 인형은 부모님이 이혼하시면서 버려졌다.

영광을 누렸던 20세기 중반 미국에서 만들어진 그 인형을 가지고 있을 땐, 내 떠돌이 삶이 한국인 아내를 맞아 정착하게 될 줄은 전혀 몰랐다. 아내는 여러 면에서 그 인형을 연상케 했다. 우아한 미소, 짙고 숱이 많은 눈썹, 발이 땅에 뿌리내린 듯한 견고한 자세, 이 세상의 도전을 받아들이고 있는 대지의 여인. 아내는 신안군의 한 섬에서 태어나 시가 쓰일 정도로 아름다운 모양의 입술을 지닌, 150센티미터가 조금 넘는, 꽃봉오리 같은 여인으로 성장했다. 아내는 운이 좋았다. 한국의 위대한 민주주의 지도자이자 노벨평화상 수상자인 김대중의 고향이기도 한 그 섬은 공격을 받지 않았던 것이다.

선정은 열다섯 살 때까지 한 번도 자동차를 본 적이 없었고, 1970년대에 육지로 나갔다. 그녀가 처음 본 미국 영화는 〈대부The Godfather〉였다. 이 영화는 그녀에게 미국인들은 상당히 폭력적이라는 인상을 남겼다. 어른들의 이야기를 들으며 받았던 인상이 더욱 굳어지는 계기가 되었던 것이다. 하지만 미국은 돈이 있는 곳이었고, 당시 한국은 아직 가난했다. 그래서 삶에서 여러 가지 어려움을 겪은 선정은 그 시절의 다른 많은 한국인들처럼 자신의 대가족을 부양하기 위해 미국으로 이주했다.

우리는 미국에서 만났고, 서로에게 호감을 느꼈다. 이후 몇 해 동안 그 섬세하면서도 신비로운 자태를 그리워했지만, 그녀는 더 이상 보이지 않았다. 그녀가 다시 나타났을 때, 나는 다가섰다. 내가 얼마큼 그녀를 그리워했는지, 내게 그녀가 얼마나 필요한지 알고 있었던 것이다. 그녀는 받아주지 않았다. 나는 계속해서 애원했다. 당시에도 그런대로 잘 알려진 영화감독이었지만, 그녀에게는 아무런 의미가 없었다. 그녀는 기본적으로 미국인을 두려워하고 있었다. 그녀 조국의 역사를 생각한다면, 그 누가 그녀를 탓할 수 있겠는가? (심지어 〈강남스타일〉의 유명가수 싸이조차도 유명해지기 전엔 미군의 한국 주둔을 비난했다. 이후 그런 태도에 대해 '사과'했지만 말이다.) 마침내 그녀는 내 진실함과 그녀를 향한 마음을 받아들였다. 그러고는 가족을 미국으로 불렀다. 그녀의 부모님이 나를 보고 무슨 생각을 하는지 도무지 알 수 없었다. 영어를 한마디도 못했지만, 나에 대해 그리고 미국에 대해 모든 것을 알고 있었다. 아주 이상한 경험이었다. 5남 2녀를 둔 이 가족은 누구도 서로 이름을 부르지 않았다. 그저 '첫째아들' '둘째딸' 이런 식으로 부를 뿐이다. 또한 키스 같은 정서적인 행위도 나누지 않았다. 마치 다른 세계, 다른 세기에 온 것만 같았다.

이런 삶의 방식이 가능하단 말인가? 그들은 그렇다고 했다. 그런데 나는 아내, 그녀의 부모님, 그리고 내가 만난 많은 한국인들의 튼튼한 다리와 허벅지에서 믿을 수 없는 걸 발견했다. 그 유전자 속에는 저항심과 전사의 투지가 깃들어 있었다. 어떤 것도—심지어 어떠한 안락조차도—이 인종에게서 진실한 영혼을 빼앗아갈 수는 없을 것이다. 우리 두 사람 사이에서 딸이 태어나면서, 나는 나와 비슷한 유전 형질을 가진 사람을 만나왔다는 걸 확신하게 되었다. 이제 열여덟 살인 딸은 한국인처럼 어렵고 힘든 자신의 길을 묵묵히 걸어가고 있다. 그 모습을 보며 미소를 짓게 된다. 오래전인 1950년대 초 마주친 그 한국인 인형에 무언가가 있었음을 깨닫는다. 하지만 그로부터 40년이 지나 그 결실을 맺게 되기 전까지는 그것이 무엇인지 알 수 없었다.

내 평생 동안 받은 축복 중 가장 근사한 건, 한국인 아내가 영혼의 동반자로서 얼마나 중요한지 알게 된 것과, 딸을 통해 이 용기 있고 보기 좋은 인종에 부분적으로나마 연결된 것이 아닐까 한다.

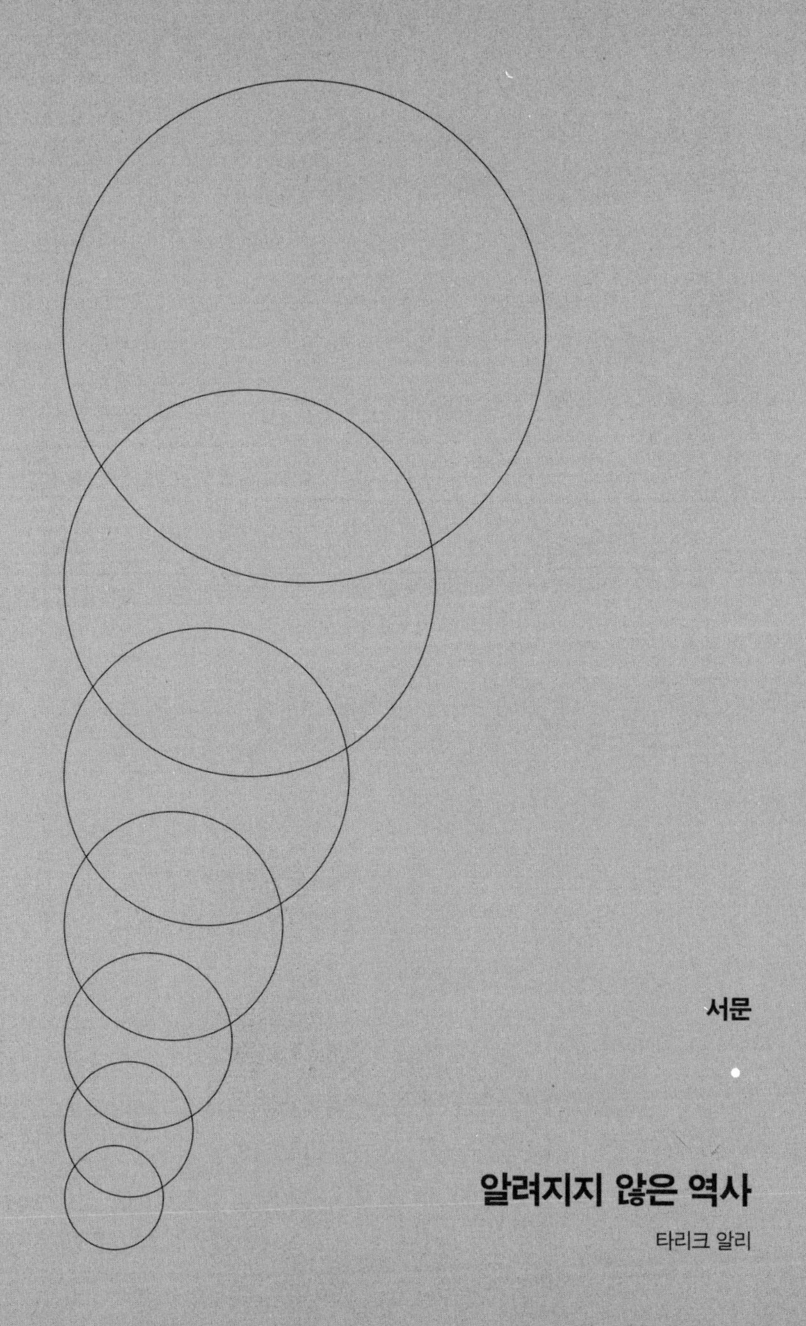

서문

알려지지 않은 역사

타리크 알리

2009년 초, 나는 파라과이에서 걸려온 전화 한 통을 받았다. 올리버 스톤이었다. 그는 내가 라틴아메리카의 변화하는 정치에 대해 쓴 글을 모은 책《캐리비안의 해적: 희망의 축Pirates of the Caribbean: Axis of Hope》을 읽고 있다며, 자기 작품을 본 적이 있냐고 물었다. 나는 이미 그의 작품에 대해, 특히 B급 영화의 시대였던 레이건 집권기에 개봉되어 주목을 받았던, 베트남전의 허위를 밝힌 정치 영화들에 대해 잘 알고 있었다.

실제로 스톤은 미군 보병으로 그 전쟁에 참전했던 사람이다. 그렇기 때문에 그를 그저 감상적인 평화주의자쯤으로 치부하기는 어렵다. 그를 비난하는 사람 중 상당수는 당시 징병을 피해놓고 이제 와서 정치인들이 군 수뇌부를 배신하지 않았다면 전쟁에서 승리할 수도 있었다고 떠들고 다니는 위인들이다. 이런 사실이 스톤을 분노하게 만든다. 그는 미국 국내와 국외 정치의 모든 영역에서 횡행하고 있는 단순한 처방을 혐오한다. 스톤은 이미 영화 〈월 스트리트Wall Street〉(1987)에서 결과적으로 2007년의 경제 붕괴를 초래한, 범죄와 금융자본주의의 결탁에 대해 묘파한 바 있다.

스톤이 조국인 미국을 급진적인 시선으로 바라보게 된 건 상당 부분 베트남전 때문이다. 영화 〈제이에프케이JFK〉에서 가장 인상적인 장면 중 하나는 두 등장인물이 거의 10분에 걸쳐 대화를 나누는 장면이다. 바로 짐 개리슨*(케빈 코스트너 분)과 신원을 알 수 없는 군 정보장교(도널드 서덜랜드 분)가 누가 케네디를 암살했는지에 대해 논의하며 워싱턴 DC의 포토맥 강가를 거니는 장면. 서덜랜드가 분한 정보장교는 대통령이 몇 달 전 베트남에서 미군을 철수하는 결정을 내린 것과 암살이 관련 있다고 본다. 개인적으로 정치 영화에서 가장 훌륭한 세 장면 중 하나로 이 장면을 꼽고 있다—질로 폰테코르보 감독의 명작 〈알제리 전투Battle of Algiers〉에서 프랑스인 장교가 냉정하게 고문을 정당화하는 장면과 코스트 가브라스 감독의 〈제트Z〉에서 그리스 극우 세력이 좌파 국회의원 람브라키스를 암살하려는 음모를 꾸미는 장면과 더불어서 말이다.

좌파 쪽이든 우파 쪽이든 비평가들은 〈제이에프케이〉의 이 장면을 순전한 환상에 지나지 않는다며 일관되게 비판해왔다. 하지만 케네디 행정부에서 안보보좌관을 지낸 강경 매파 맥조지 번디의 최근 출판된 자서전을 포함하여 이후 연구에서는 스톤의 접근에

---

* Jim Garrison(1921~1992): 미국의 법조인, 작가. 1960~70년대 뉴올리언스의 지방 검사로 있으며 케네디 암살 사건의 배후를 수사했던 것으로 유명하다.

타당성이 있다는 것이 밝혀지고 있다. 실제로 케네디가 철수를 결정하게 된 데는 퇴역 장성인 더글러스 맥아더의 충고가 중요한 역할을 했다. 맥아더가 케네디에게 전쟁에서 결코 이길 수 없다고 말했던 것이다.

규명된 '진실'이라고 해도 스톤은 곧이곧대로 받아들이지 않았다. 이런 태도가 그의 작품에 그대로 반영되었고 이것이 그의 작품세계의 가장 중요한 특징이다. 물론 그의 생각이 틀렸을 수도 있지만, 스톤은 항상 제국주의적인 발상에 도전해왔다. 그렇기 때문에 파라과이로 떠나 새로 취임한 대통령과 대화를 할 수 있었던 것이다—해방신학을 받아들인 주교 출신의 파라과이 대통령은 선거를 통해 오랜 일당독재를 끝내고 당선된 인물이다. 페르난도 루고는 새로운 볼리바르* 진영에 속해 있다. 이 진영은 베네수엘라의 우고 차베스, 볼리비아의 에보 모랄레스, 에콰도르의 라파엘 코레아를 필두로, 아르헨티나의 키르츠네르가 측면을 맡았으며, 브라질의 룰라가 퇴임하기 전까지 방어를 담당했다.

스톤은 나를 만나 자신의 가장 야심 찬 기획이 될 12시간 분량

---

* 시몬 볼리바르(Simón Bolívar,1783~1830)는 베네수엘라의 독립 혁명 지도자이다. 베네수엘라의 우고 차베스 대통령이 반미와 사회주의를 내걸고 혁명을 추진하면서 그를 기려 '볼리바리안 혁명'이라고 이름을 붙였다. 이 혁명은 중남미 여러 국가에 영향을 미쳤고 볼리비아, 에콰도르, 니카라과, 도미니카, 쿠바 등 8개국이 참여하는 '볼리바르 동맹'이 창설되기도 했다.

의 다큐멘터리 시리즈 〈알려지지 않은 미국의 역사The Untold History of the United States〉*에 대해 상의할 게 있다고 했다. 한 달 뒤, 우리는 로스앤젤레스에서 만났다. 그는 이 기획이 왜 그토록 필요한 건지 자신의 생각을 설명했다. 미국에는 세계 다른 나라에 대한 건 차치하고 자국의 과거에 대한 정보조차 충격적일 만큼 부족하다는 얘기였다. 미국 국민의 기억이 희미해져가는 건 우연이 아니었던 것이다. "수십 년 동안 아이들은 규격화된 역사 교육을 통해 포장된 형편없는 내용만 배웠어요. 아니면 아무것도 배우지 않았거나요." 그가 말했다.

그는 이 텔레비전 역사물을 여러 면에서 자신의 가장 중요한 작업으로 여기고 있었다. 미국사에 대한 서사를 보여주고, 또 미국이 어떻게 제국이 되었는지를 이야기하겠다고 했다. 그는 무려 7시간에 걸친 나와의 인터뷰를 필름에 담았다. 액체 문제로 몇 번 쉬어야 했지만 말이다(마시기도 하고, 배출도 해야 했다). 내 저서 중 몇 권이 밑줄이 많이 그어진 채로 그의 옆에 놓여 있었다. 인터뷰를 하

---

* 2012년 11월 미국의 쇼타임 채널을 통해 처음 방송된 10부작 다큐멘터리. 제목대로 알려지지 않은 미국 현대사를 다루고 있다. 올리버 스톤이 연출, 제작, 내레이션을 맡았다. 각 부의 제목은 다음과 같다. (〈제2차 세계대전〉, 〈루스벨트, 트루먼 그리고 월리스〉, 〈폭탄〉, 〈냉전: 1945~1950〉, 〈1950년대: 아이젠하워, 폭탄 그리고 제3세계〉, 〈제이에프케이: 벼랑 끝으로〉, 〈존슨, 닉슨 그리고 베트남: 운명의 반전〉, 〈레이건, 고르바초프 그리고 제3세계: 우파의 부상〉, 〈부시와 클린턴: 고갈된 평화-새로운 세계 질서〉, 〈부시와 오바마: 테러의 시대〉)

면서 나는 많은 자극을 받았다. 침울하다거나 감상적인 느낌은 전혀 없었다. 그는 해야 할 일이 있었고, 성공적으로 해냈다. 그 결과를 약간의 편집을 통해 다듬어 내놓은 게 바로 여러분 앞에 있는 이 책이다.

그때까지 난 스톤이 최근 남미를 돌아다닌 게 〈알려지지 않은 미국의 역사〉를 위해서라고 추측하고 있었다. 하지만 반드시 그 때문만은 아니었다. 스톤은 미국 인쇄 매체(《뉴욕타임스》는 상습범이었다)와 텔레비전 방송국에서 이 새로운 지도자들을 노골적으로 비난하는 걸 보고 분노했다. 그래서 명예를 훼손당한 이 정치인들에게 발언 기회를 주고자 했던 것이다. 하지만 스톤과 그의 프로듀서인 로버트 윌슨, 페르난도 술리친은 이 작품이 미국 미디어 지형에서 더 이상 진행될 수 없는 상황에 봉착했다고 생각했다. 그들은 내게 가편집본을 봐달라고 부탁했다. 작품을 보니 그 의미는 훌륭했지만, 내용이 지나치게 복잡했다. 그래서 그 훌륭한 의미를 제대로 살리지 못하고 있었다. 스톤의 적들이 작품 수준과 관계없이 쏟아낼 엄청난 비난을 고려했을 때, 문제가 될 만한 인물의 수를 줄이는 게 최선이었다.

작품을 살려낼 수 있을까요, 윌슨이 궁금해했다. 나는 기존 구성을 과감히 포기하자고 제안했고, 새로운 편집본에 들어가야 할 가치 있는 기록물과 인터뷰가 무엇인지 추려서 알려주었다.

그들의 부탁으로 새로운 해설을 쓰면서 나는 스톤이 2주 동안 분주히 돌아다니며 수집한 자료의 위력에 주목했다. 이 작품에는 스톤이 피델 카스트로와 나눈 인터뷰를 담은, 흡입력이 매우 강한 전작 〈사령관Comandante〉(2003년 발표)과는 대조적으로 유쾌한 부분이 있었다. 이렇게 만들어진 다큐멘터리가 바로 〈국경의 남쪽South of the Border〉이다. 최초의 자료 조사와 대본 작성은 공동 작가인 마크 웨이스브롯이 진행했지만, 이후 단순한 서사구조를 지닌 정치적 로드 무비로 재편집되었다. 진보 인사이자 할리우드의 전설적인 감독인 스톤은 텔레비전을 시청하다 분노하여 직접 비행기에 오르기로 결심한다. 이후 다큐멘터리는 감동적이면서도 단순한 방식으로 남미에서 일어난 변화의 사례를 언급한다.

이 작품은 자신들의 목을 조르고 있는 북쪽의 빅 브라더에게서 벗어나기 위해 필사적으로 애를 쓰고 있는 이 지도자들의 분석적인 시각이나 적절한 거리를 유지한 냉철한 관점을 소개하지는 않는다. 오히려 대통령 7인과의 인터뷰를 중심으로 그들이 그렇게 할 수밖에 없는 이유에 공감하는 모습을 보인다. 그것은 자유를 향한 절규였다. 차베스는 지금 남미 대륙에서 진행되는 급진적 사회민주주의 실험을 선도해온 지도자이기 때문에 중점적으로 다룬다. 그의 나라엔 많은 양의 석유가 매장되어 있다. "이 작품을 보고 사람들이 차베스가 민주적인 방식으로 선출된 대통령이란 사실과 대부분의 서구 언론에서 묘사된 대로 사악한 독재자가 아니라는 사실을 알게 된다면, 우리 목적은 충분히 달성된 거예요." 스톤이 말했다.

요즈음 분위기에선 쉽지 않은 일이지만, 시도해볼 만한 가치는 있었다. 다큐멘터리에 대한 미국인들의 비평은, 스톤이 차베스의 이름도 제대로 발음하지 못한다는 둥, 뻔하고 유치했다(스톤은 차베스라고 하지 않고, 샤베즈라고 말했다). 흥미롭게도 정작 라틴아메리카에선 이런 지적이 나오지 않았다. 이름을 잘못 발음하는 일 정도는 대수롭지 않은 문제로 여겼다. 내 경우에도 내 이름을 제대로 발음할 수 있는 미국인을 (친구든 적이든) 아직 못 만나봤지만, 그 이유만으로 그의 지적 능력이 떨어진다고 의심하지는 않는다.

이 작품에 대한 또 다른 평가를 미국에서 일하고 있는 몇몇 라틴아메리카 출신 교수들에게서 듣게 되었다. 지나치게 단순하다는 것이었다. 우리도 그런 아쉬운 부분이 있다는 걸 인정한다. 하지만 이 작품을 통해 선전을 하거나 논쟁거리를 던져주려고 했던 건 아니다. 스톤은 미국을, 그 국민들을, 그들의 시청 습관에 대해서 잘 알고 있다. 〈국경의 남쪽〉은 그들의 마음속에 몇 가지 질문을 제기하려고 한다. 유럽의 반응도 썩 좋지는 않았다. 소수의 예외를 제외하면 유럽 언론도 볼리바르 진영 지도자에 대해 일반적으로 적대하는 태도를 보인다. 끊임없이 장황하게 민주주의에 대해 이야기하는 세계가 경제적, 정치적 다양성을 추구하는 일에 그렇게 적대적일 수 있다니 의아하기만 하다.

베네수엘라의 위대한 소설가 고故 로물로 가예고스는 1935년에 베네수엘라의 역사를 "눈이 가려지고 코뚜레가 꿰어진 채, 교활한 작은 당나귀에 이끌려 도살장으로 끌려가는 성난 황소"에 비유한 바 있다. 더 이상은 아니다. 스톤은 교활한 과두 지배 체제가 무너지는 것을 보고 강한 인상을 받았다. 황소가 풀려났던 것이다. 2012년 1월 첫 방송된 〈알려지지 않은 미국의 역사〉는 애초에 당나귀들에게 권력이 주어진 이유에 대해서 충분한 설명을 제공한다.

볼리비아의 코차밤바에서 열린 〈국경의 남쪽〉 시사회에 3만 명이 넘는 사람들이 참석해 거리낌 없이 자기네 편을 응원했다. 대부분이 가난한 원주민이었다. "그 사람들은 본능적으로 누가 악당인지 알고 있었어요." 스톤이 뉴욕에서 내게 말했다. "이곳 사람들과는 다르게 말이죠."

《뉴욕타임스》는 레이건 시대 때부터 활동해온 노련한 기자—니카라과의 반혁명 세력인 콘트라를 확고히 지지하는 사람이었다—를 보내 우리를 인터뷰했다. 보복이었던 듯하다. 그들은 다큐멘터리에서 '기록의 신문'* 을 부정적으로 언급한 우리를 벌하고 싶어하는 것 같았다. 냉전 시대에 여행 금지 국가를 다녀온 다음 요원에게 심문을 받고 있는 듯한 느낌이 때때로 들었다. 기사가 어떻게 나올지는 충분히 짐작할 수 있었다.

---

* 《뉴욕타임스》는 객관적인 보도 태도를 인정받아 '기록의 신문(paper of record)'이라 불리기도 한다.

그다음에는? 스톤의 집에서 저녁 식사를 했다. 그의 한국인 아내 선정, 그들의 총명한 딸(〈알려지지 않은 역사〉에 실질적인 영감을 주었다), 스톤의 프랑스인 어머니 재클린 고데가 함께했다—어머니는 아흔 살에 가까운 나이에도 불구하고 활기 넘치는 분이었다.

스톤이 농담 삼아 영화로 만들 만한 강렬한 캐릭터가 여전히 남아 있냐고 물었다. "레닌은 어때? 로베스피에르는?" 나도 누가 괜찮은지 생각해보았다. 스톤은 충실하고 열렬한 드골주의자인 어머니를 쳐다보았다. 그분은 제대로 들은 건지 당신의 귀를 의심하고 계셨다. "로베스피에르라고?" 어머니가 다시 물어보셨다. "살인마야!" 그 사실만으로는 스톤이 그 기획을 착수하지 않을 만한 충분한 이유가 될 수 없었다. 그렇거나 말거나 그 옛날 옛적 죄인을 향한 돌맹이 세례는 끝날 줄 몰랐다.

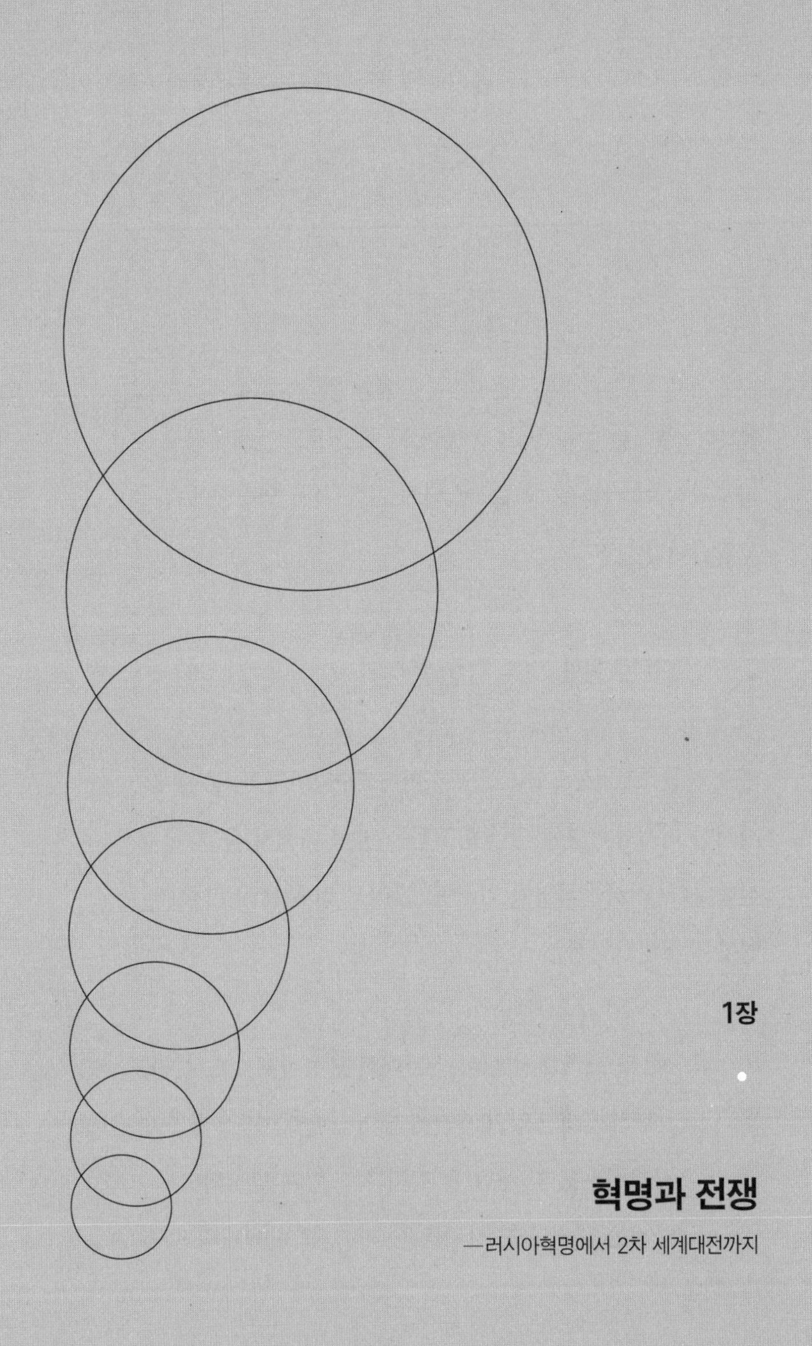

1장

혁명과 전쟁

—러시아혁명에서 2차 세계대전까지

올리버 스톤 늘 만나 뵙고 싶었어요. 이곳 로스앤젤레스로 와주셔서 이 시간을 함께하게 되어 기쁩니다. 영광이에요. 고맙습니다.

타리크 알리 저도 기쁩니다.

바로 본론으로 들어가서 선생이 저서 《캐리비안의 해적》에 제시한 러시아혁명에 대한 확고한 이론에 대해서 묻고 싶습니다. 러시아혁명이 미국에, 그리고 전 세계에 미친 영향은 무엇입니까?

제1차 세계대전 이야기로 대화를 시작해보죠. 아마도 1차 세계대전은 20세기에 벌어진 일 중 가장 중요한 사건이라고 할 수 있을 겁니다. 그렇게 인식되고 있지는 않지만요. 사람들은 흔히 제2차 세계대전과

히틀러를 떠올리잖아요. 하지만 수많은 제국을 순식간에
무너뜨린 건 1차 세계대전이었어요. 오스트리아-헝가리
제국이 해체되었죠. 오스만 제국이 해체되었습니다.
제정 러시아가 해체되었습니다. 그 뒤 민족주의와
공산주의, 각종 혁명운동이 본격적으로 부각되었어요.
1차 세계대전이 일어나지 않았다면 러시아혁명이
그런 특정한 방식으로 일어나지는 않았을 것 같아요.
1차 세계대전으로 인해 기존의 지배계급이 무너지고,
구체제가 끝이 났던 거잖아요.
1917년 2월, 전쟁 상황이 악화되었어요. 러시아에서는
혁명이 일어나고 차르 체제가 무너졌지요. 그리고
우연히도 같은 시기인 1917년 2월, 미국의 지도자들은
참전을 결심했어요. 그때까지 고수하던 고립주의를
완전히 폐기한 거죠. 유럽이 변화하고 있고, 그 변화가
자신들을 위협할 수 있었기 때문에—볼셰비키가
장악해나가고 있었으니까요—유럽으로 건너가 이
전쟁에 개입하여 해결해야 한다고 생각했던 거예요.
그렇게 갑자기 미국이 등장했어요. 가서 독일과 전쟁을
벌여야 했지요. 그들은 독일을 무너뜨리길 바랐어요.
이렇게 미국이 전쟁에 뛰어들게 되죠.
1차 세계대전은 미국이 북미라는 세계의 일부에서

러시아혁명의 포스터.

러시아혁명 때에는 희망이 생겨났어요. 세상을 더 나은 곳으로 변화시킬 수 있다는 생각, 도처의 탄압받는 비참한 자들을 존중받게끔 만들 수 있다는 생각이었죠. 그것은 목표였고, 또 소망이었습니다. 그리고 20~30년 동안 그 소망은 지속되었어요. 노동계급 운동이 강해질 것이라는 믿음은 미국을 포함한 세계 곳곳에 큰 충격을 주었어요. 단지 지배층과 기업뿐만 아니라 노동운동 진영에서도 강한 자극을 받았죠.

벗어나, 유럽으로, 그리고 마침내 세계무대로 진출하게 된 사건이었어요. 1차 세계대전으로 인해 우리가 20세기에 지켜봤던 거대한 대결의 장이 마련되었던 거예요. 러시아혁명은 그만큼 엄청난 영향력을 지니고 있었어요. 그건 단순히 전제 군주제를 무너뜨린 사건이 아니었어요. 사실 그 이전의 프랑스혁명과 영국혁명 때도 전제 군주제가 무너졌죠. 그러니 그 점은 그다지 새로울 게 없었어요. 더구나 귀족 정체貴族政體와 전제 군주제를 한꺼번에 없애려고 한 미국혁명도 있었지요. 하지만 러시아혁명 때에는 희망이 생겨났어요. 세상을 더 나은 곳으로 변화시킬 수 있다는 생각, 도처의 탄압받는 비참한 자들을 존중받게끔 만들 수 있다는 생각이었죠. 그것은 목표였고, 또 소망이었습니다. 그리고 20~30년 동안 그 소망은 지속되었어요. 사람들은 한참 뒤에야 이 소망이 이뤄지지 않았다는 것과 러시아혁명 자체에도 많은 문제가 있었다는 것을 깨닫게 되었지요. 하지만 노동계급 운동이 강해질 것이라는 믿음은 미국을 포함한 세계 곳곳에 큰 충격을 주었어요. 단지 지배층과 기업뿐만 아니라 노동운동 진영에서도 강한 자극을 받았죠.

저는 사람들이 미국에 매우 전투적인 노동운동의 전통이 있다는 걸 잊어서는 안 된다고 생각합니다. 미국에는 워블리스Wobblies라고도 불린 세계산업노동자동맹Industrial Workers of the World이 있었습니다. 세계 곳곳에서 온 이주노동자들이 하나의 큰 노동조합 안에서 단결했지요. 조합원이었던 조 힐은 구세군 노래를 변형하여 "네가 죽으면 하늘에서 파이를 얻을 것이다"* 같은 새로운 노래를 만들곤 했습니다. 이 모든 노래는 일상에서 불리며 미국의 노동운동 진영을 결속하게 만들었죠. 같은 언어를 쓰지도 않던, 유럽 각지에서 온 사람들을 묶어주었던 거예요. 독일인, 영국인, 노르웨이인, 스웨덴인, 이들은 한 가족이 되었어요.

그리고 많은 탄압이 있었죠. 사람들은 그 얘기를 좀처럼 하지 않지만 1920~30년대 미국에선 기업들이 노동계급에 많은 탄압을 가했어요. 나는 그 탄압 때문에 미국에서 더 많은 사회주의자와 노동자 정당이 결성되지 못했다고 생각해요. 정치는 상류층의 영역에만 머물렀죠. 그렇게 러시아혁명의 충격은 매우, 매우 컸어요. 누구도 무시할 수 없었지요.

---

* 스웨덴 출신의 노동운동가 조 힐(Joe Hill, 1879~1915)이 구세군 노래를 패러디해서 만든 〈목사와 노예(The Preacher and the Slave)〉 가사의 일부다.

선생께서는 미국이 1차 세계대전에 뛰어든 결정적 원인을 러시아혁명으로 보시는 겁니까, 아니면 어찌됐든 참전했을 거라고 보십니까? 당시 러시아가 철군했다면, 아마도 독일군이 영국과 프랑스를 점령했을 테니까요.

글쎄요, 복합적인 원인이 있었다고 생각해요. 볼셰비키는 땅과 빵 그리고 평화를 요구해왔죠. 그들은 이 전쟁에서 싸우려고 하지 않았어요. 그리고 독일이 프랑스에 이기는 건 자명한 일이었고요.

자명한 일이었다고요?

영국도 마찬가지죠. 미국이 참전하지 않았다면, 독일은 압도적인 승리를 거뒀을 거예요. 하지만 그렇게 된다 해도 그게 꼭 미국이 불안해할 만한 상황은 아니었어요. 그럴 경우 미국은 유럽에서 가장 강력한 국가인 독일과 협상을 벌일 수도 있었거든요. 하지만 제 생각에 미국에선 1차 세계대전 이전부터 자신들의 현재 그리고 미래의 이익을 지키기 위해 세계로 나가야 한다고 느끼고 있었던 것 같아요. 미국의 관심은 대부분 자국 영토 안에, 그리고 남미에 있었어요. 그들 스스로 '텃밭'이라고 부르는 지역이었죠.

미국은 1차 세계대전 기간 동안 영국에 상당한 자금을 대출해준 것으로 보입니다. 그 금액이 모두 수십억 달러에 이르렀던 것으로 알고 있습니다. 독일이 전쟁에서 이기면 그 돈은 회수될 수 없었겠죠. 그런 상황에서 독일과 합의를 이룰 수 있었을까요?

합의를 이룰 수 있는 방법이 여러 가지 있었다고 생각해요. 하지만 러시아혁명이 상당 부분 생각을 정리할 수 있게 해줬을 거예요. 우드로 윌슨은 미국의 대통령으로서 자신이 대안을 제시해야 한다고 생각했어요. 그 대안이 바로 민족의 자립과 자결이었어요. 또 다른 대안은 베르사유 조약*이었습니다. 베르사유 조약은 윌슨의 주도로 체결되었어요. 그런데 이 조약으로 독일에 내려진 처벌이 파시즘이 발현한 직접적인 원인이 되었습니다. 여기엔 이견이 있을 수 없다고 생각해요.

---

* 1919년 프랑스 베르사유궁전 '거울의 방'에서 조인된 것으로, 제1차 세계대전 후의 국제관계를 확정지은 회의. 이 조약으로 독일은 해외 식민지를 잃고, 알자스 로렌을 프랑스에 반환했다. 또한 전쟁 도발의 책임을 물어 연합국 손해에 대한 배상 지불이 부과되었고, 육해군의 무장에 대해서도 엄격한 제한과 감시를 받았다.

1차 세계대전에 참전한 미국 군인의 행진 모습.

1917년 2월, 미국의 지도자들은 참전을 결심했어요. 그때까지 고수하던 고립주의를 완전히 폐기한 거죠. 유럽이 변화하고 있고, 그 변화가 자신들을 위협할 수 있었기 때문에. 볼셰비키가 장악해나가고 있었으니까요. 유럽으로 건너가 이 전쟁에 개입하여 해결해야 한다고 생각했던 거예요. 그렇게 갑자기 미국이 등장했어요.

독일을 가혹하게 다뤄서 거센 민족주의 운동을 유발했던 거예요. 이것은 후에 제3제국의 등장으로 연결되지요. 나치스 초기의 프로파간다를 보면 모두 독일이 가혹한 처벌을 받고 있다는 걸 강조합니다.

"독일인들이 벌을 받고 있다. 독일이란 국가가 벌을 받고 있다. 게르만 인종이 벌을 받고 있다. 그 벌을 주는 자는 뉴욕에 있는 유대인 재벌과 독일에 있는 그들의 동료다. 그들이 합심해서 우리를 괴롭히는 것이다."

이런 식이었죠. 이것이 결정적이었어요. 베르사유 조약이 좀 더 공정했다면, 또는 미국이 2차 세계대전이 끝난 뒤 유럽에서 했던 일—당시엔 함께 사업을 진행하고, 전후 복구를 돕겠다고 말했지요—을 1차 세계대전이 끝났을 때도 수행했다면 상황이 어떻게 전개되었을지는 아무도 모를 일이죠.

베르사유 조약이 나치스가 권력을 잡게 된 한 가지 요인이었다면, 다른 한 가지 요인은 의심할 것도 없이 볼셰비키주의였어요. 간과되고 있는 사실이지만, 독일의 상위 기업과 대다수 상류층도 히틀러를 지지하고 권좌에 올려놓으려고 했어요. 히틀러와 함께 가지 않을 경우, 독일에서도 혁명이 터질까봐 두려워했거든요.

"러시아에서 그들이 무슨 짓을 저질렀는지 봐요. 우리도 몰락할 거예요. 그러니 볼셰비키로부터 우리를 구해줄 이 사람과 함께 가는 게 나아요."

러시아혁명은 독일 노동자운동이 광범위하게 확산되는 효과를 가져왔어요. 당시 독일의 노동운동권은 친親볼셰비키 진영과 보다 전통적인 사회민주주의 진영으로 나뉘어 있었어요. 독일 민족주의자와 파시스트들의 프로파간다를 보면 모두 유대인 볼셰비키 세력의 음모가 독일을 위협하고 있다고 쓰여 있어요. 유대인들은 두 가지 역을 맡고 있었지요. 탐욕스러운 재벌 아니면 볼셰비키 역이었어요. 당시 유인물이나 문학작품을 보면 독일이 유대인 볼셰비키 세력의 음모에 저항하는 내용이 많아요. 이런 현상은 2차 세계대전 때까지 이어졌어요.

히틀러가 영국에서 어느 정도 대중적 인기를 끌지 않았나요? 무솔리니도 미국에서 인기를 끌었고요? 그리고 잉글랜드은행 Bank of England**과 국제결제은행**Bank for International Settlements**은 히틀러를 지지했던 듯합니다.**

물론이죠. 얼마 전에 1926년 베를린에서 출판된 무솔리니의 첫 전기를 읽었어요. 서문을 이탈리아 주재

윈스턴 처칠의 모습.

윈스턴 처칠은 무솔리니를 아주 좋아했어요. “무솔리니는 매우 중요한 인물이다. 우리는 그를 지지한다. 그가 필요하다.”

미국 대사가 썼더군요. 무솔리니를 유럽이 낳은 위대한 지도자 중 한 사람이라고 추켜세우며, 그 책에 미래로 향하는 길이 담겨 있다고 했어요. 그렇게 말한 가장 큰 이유는 무솔리니를 볼셰비키주의와 혁명에 맞서는 수호자로 봤기 때문이에요. 히틀러와 많이 비슷하다고 본 거죠. 윈스턴 처칠은 무솔리니를 아주 좋아했어요. 그 전기에도 처칠의 말이 인용되어 있어요.

"무솔리니는 매우 중요한 인물이다. 우리는 그를 지지한다. 그가 필요하다."

처칠은 항상 구체적으로 설명하곤 했지요.

"볼셰비키 세력을 막기 위해서라면 베니토 무솔리니 같은 인물이 필요하다."

이후 2차 세계대전 기간에 무솔리니는 처칠에게 이 말들을 상기시키기도 합니다. 영국 국민의 지도자가 나를 좋아했던 시절도 있었다고 하면서요. 히틀러도 같은 경우죠. 영국 지배층에겐 히틀러와 거래를 하고 싶은 아주 간절한 이유가 있었습니다. 영국 왕 에드워드 8세는 퇴위하기 전부터 공개적으로 나치스를 지지했어요. 퇴위한 뒤엔 직접 히틀러를 찾아가기도 했고요. 그와 그의 부인이 히틀러를 만나 함께 찍은 사진이 있어요. 그가 그런 행동을 취한 이유도 같습니다. 그들은 자신들 모두가 맞서야 할 주적이 볼셰비키주의와 러시아혁명이라고 생각했어요. 그래서 그걸 막을 수 있다면 무엇이든 도움이 된다고 판단한 거예요.

영국의 대독 유화론자들은 알려진 대로 극단적인 우익 정치인이었지만, 비이성적인 사람들은 아니었어요. 그들은 히틀러를 이용해 러시아를 막을 수 있다면 큰 이익이 될 거라고 주장했지요.

"소비에트 연방을 무너뜨리는 데 그를 이용하자. 나머지는 그다음에 얘기하면 된다."

그들이 깨닫지 못했던 건, 그 경우 소비에트 연방은 무너질지도 모르지만, 히틀러가 하룻밤 사이 유럽을 접수할 만큼 강해질 거라는 사실이었어요.

프랑스의 경우를 보면, 나치스가 진군할 때—히틀러가 프랑스 점령 후 그곳을 방문하는 자료 화면이 남아 있습니다—프랑스 일부 지역에선 군중이 환호성을 지르며 그를 맞이하는 걸 볼 수 있어요. 드골과 공산주의자들이 함께 전열을 가다듬어 저항운동을 펼칠 때까진 수년이 걸렸죠. 프랑스인들의 전통적인 반유대주의—그리고 그들의 민족주의—는 비시 정권*의 토대였고, 나치스 부역의 주된 원인이었습니다. 그로 인해 프랑스의 많은 지역에서 히틀러가 기꺼이

받아들여질 수 있었던 거예요. 이는 이제껏 거의 언급되지 않았지만, 상황을 이해하는 데 매우 중요한 사실입니다.

선생께서는 러시아혁명의 실패에 대해 쓰셨죠. 내전 당시 침공했던 15개 또는 16개의 군대에 대해서뿐만 아니라 스탈린이 정권을 잡을 때 생긴 변화에 대해서도 말씀하셨습니다. 그리고 그 실패가 노동계급에 어떠한 문제를 일으켰는지에 대해서도요.

소비에트 연방에서는 혁명이 고립되는 일이 벌어졌어요. 사실 모든 혁명이 비슷한 역사를 가지고 있습니다. 혁명이 일어나면 강국들이 협력하여 그에 반대하는 움직임을 보여왔지요. 프랑스혁명도 그랬어요. 미국혁명도 영국이 있었기 때문에 비슷한 문제를 지니고 있었고요. 프랑스혁명으로 왕정이 무너지고 프랑스 공화국이 수립되자, 유럽의 모든 군주가 이를 위협으로 간주했어요. 두려움에 떨었죠. 그래서 독일, 러시아, 영국, 오스트리아-

---

* 제2차 세계대전 중 나치 독일의 점령하에 있던 남부 프랑스를 1940년부터 1944년까지 통치한 정권. 정부 수반은 제1차 세계대전 당시 프랑스의 영웅이었던 필리프 페탱 원수였다. 1945년 전쟁이 끝나자 필리프 페탱은 대독협력죄로 체포돼 1심에서 사형이 언도되기도 했다.

헝가리가 프랑스혁명의 확산을 저지하고 진압하기 위해 동맹을 꾸리게 됩니다. 그 동맹의 선두에 프로이센의 귀족층인 융커Junker가 있었어요. 그들은 자신들이 필요한 곳에 늘 있었지요. 러시아혁명 뒤에도 똑같은 일이 벌어졌습니다. 유럽의 모든 강대국이 이 혁명을 진압하려 애를 썼죠. 광기어린 전쟁이었던 1차 세계대전으로 이미 수백만 명의 생명을 잃은 상황이었는데도 말이죠. 그 전쟁에서 수백만 명을 희생함으로써 유럽의 식민 강국들은 식민지 수를 늘리거나 유지할 수 있었습니다. 하지만 그런 희생에도 아랑곳하지 않고 러시아혁명을 처음부터 진압하려는 노력을 계속했어요. 차르 지지자들이 내전을 시작하자, 유럽과 그 밖의 지역의 강대국에서 이들을 돕기 위해 곧바로 16~17개의 군대를 파병했지요. 그 내전으로 혁명의 에너지가 상당 부분 소진되었어요. 혁명을 성공시켰던 우수한 인력 다수가 사망했습니다. 그들이 남긴 빈자리는 상대적으로 경험이 부족한 사람들을 선발해 채웠어요. 대부분이 시골의 소작농으로, 러시아 노동계급의 오랜 전통을 잘 모르는 사람들이었지요.

역사적으로 봤을 때 내전 기간 동안 페테르부르크의 노동자들이 다수 사망했어요. 혁명을 성공시킨 사람들이었죠. 제 짐작으로는 30~40퍼센트 정도가 사망했던 것 같아요. 정말로 매우 높은 수치죠. 그리고 시골에서 새로 선발된 이들을 토대로 스탈린으로 대표되는 소비에트 관료주의의 영향력이 커져갔습니다. 볼셰비키주의 내엔 두 가지 흐름이 있었어요. 그중 하나는 스스로 사회주의를 완성할 수 있는 방법은 없다고 생각하는 분위기였습니다. 그런 맥락에서 독일 또는 프랑스의 지지를 받게 될 때까지, 혁명이 확산될 때까지, 사회주의를 시도해서는 안 된다고 생각했죠. "우리는 낙후된 국가인 만큼 그들의 지지를 기다려야 한다. 우리가 앞으로 나아가기 위해서는 독일의 산업이 필요하다"는 것이었어요. 하지만 1920년대 독일혁명이 실패로 돌아가면서 그 방침은 더 이상 유효하지 않게 되었지요. "한 나라 안에서도 사회주의"를 완성할 수 있다고 주장하는 새로운 흐름이 등장했어요. 이것이 스탈린주의의 흐름입니다.

어느 해에 러시아혁명이 실패로 돌아간 건가요?

러시아혁명이 가져온 희망이 꺾인 건 1929년 아니면 1930년 일이라고 얘기하곤 합니다. 그때 대규모

이오시프 스탈린(1879~1953).

러시아혁명은 결국 실패했어요. 역사적으로 봤을 때 내전 기간 동안 페테르부르크의 노동자들이 다수 사망했어요. 혁명을 성공시킨 사람들이었죠. 그리고 스탈린으로 대표되는 소비에트 관료주의의 영향력이 커져갔습니다. "한 나라 안에서도 사회주의"를 완성할 수 있다고 주장하는 새로운 흐름이 등장했어요. 이것이 스탈린주의의 흐름입니다.

농업집단화 프로그램이 시작되었거든요. 농업집단화는 본질적으로 혁명이 실패했다는 걸 시인하는 것이었어요. 러시아 소작농들에게 잔혹할 만큼 막대한 부담을 주었고, 일부 시골 지역에 매우 깊은 상처를 남겼습니다. 그래서 독일군이 우크라이나에 들어갔을 때, 많은 우크라이나인들이 해방군이라며 그들을 환대해주었던 거예요. 만약 독일군이 그렇게 지독하게 반동적으로 굴지 않았다면 더 큰 영향력을 가지게 되었을 거예요. 그런데 그들은 슬라브인을 모두 열등한 인간들이라고 생각했기 때문에 학살을 자행했죠.

그러한 식민주의적 사고 중 일부는 벨기에령 콩고에서 레오폴드 왕이 벌였던 학살에서 비롯된 것일까요?

유럽인들의 식민주의적 사고는 사람들을 열등한 존재로 간주했습니다. 레오폴드 왕은 다른 식민국 지도자들과는 달리 본인의 이름으로 콩고를 접수했어요. 콩고를 소유했던 건 벨기에가 아니라 레오폴드 왕이었던 거죠. 벨기에 왕가 소유였어요. 사람들은 20세기에 유대인 600만 명이 사망했다고 얘기하죠. 하지만 콩고인들에 대해 이야기하는 사람은 없어요. 애덤 호크쉴드*는 저서

《레오폴드 왕의 유령King Leopold's Ghost》에서 벨기에인들이 최소 1,100만에서 1,200만 명의 콩고인을 살해했다고 밝혔어요. 콩고에서 광범위한 학살이 벌어진 거죠.

벨기에를 대리한 부족과 그렇지 않은 부족 사이에 전쟁이라도 벌어졌던 건가요?

그렇지 않습니다. 실은 벨기에인들이 고무 농장을 원활하게 돌아가게 하려고 살해한 것입니다. 벨기에인이 콩고인을 다뤘던 방식, 그들이 얼마나 많은 사람을 살해했는지 레오폴드 왕에게 했던 보고 내용 등이 호크쉴드의 책에 모두 기록되어 있어요. 벨기에인들은 콩고인들의 손이나 엄지손가락을 자른 뒤 봉투에 담아 벨기에로 보냈습니다.

혁명 이후 시기에 소비에트 연방의 가장 거대한 적은 영국이었다고 보시는지요?

영국은 러시아혁명의 가장 지능적인 적이었어요.

---

* Adam Hochschild(1942~): 미국의 작가, 언론인.

그들은 러시아혁명을 심각하게 받아들였고 위협으로 간주했습니다. 독일은 한참 뒤처져 있었고요. 그런데 제 생각에 영국이 혁명으로 인해 실제로 위협받은 적이 없기 때문에, 러시아혁명이 영국에 끼친 영향은 다른 유럽 대륙 국가에 비해 크지 않았던 것 같아요. 이것은 중요한 사실입니다.

영국이 러시아를 증오했던 가장 큰 이유는 대영제국이 위협받았기 때문입니다. 영국 내에서 위협이 됐던 건 아니었어요. 아프리카와 아시아의 식민지 사람들은 특별히 러시아혁명을 희망의 빛으로 인식했습니다. 그 때문에 영국이 매우 당황했던 것이죠.

아프가니스탄의 아마눌라 왕—그의 부인은 소라야 왕비였지요—은 1919년 러시아혁명에 깊은 인상을 받아 영국에서 독립하는 걸 도와줄 수 있는지 레닌과 협상을 벌였어요. 소라야 왕비는 아프가니스탄이 러시아와 터키의 길을 따라야 하고, 여성을 해방시켜야 한다고 말했지요. 그 결과 아프가니스탄에서 1919년에 기초된 새 헌법은 여성의 투표권을 보장하고 있었어요. 이 헌법이 시행됐다면 아프가니스탄 여성들은 미국이나 유럽 여성보다도 먼저 투표권을 가질 수 있었을 거예요. 당시 영국은 이 헌법이 매우 잘못된 방향으로 나아가고 있다고 주장하며, 아프가니스탄에서 왕과 왕비를 제거하기 위한 부족 반란을 사주했죠.

영국은 바쿠*의 유전을 지키려고 침공했습니다. 영국 군대는 잔인했나요? 러시아 혁명가들을 대량 학살한 책임은 누구에게 있을까요?

그건 복합적인 문제라고 생각합니다. 물론 영국은 학살에 깊이 관여했습니다—특히 내전, 혁명 초기 때 그랬지요. 영국은 1차 세계대전 때 청년 세대를 거의 전부 잃었으면서도 침공을 멈추지 않았어요. 당시 상황을 매우 심각한 위기로 받아들였고, 그곳에 혁명 국가가 수립될 경우 대영제국이 파괴될 거라고 생각했기 때문이에요. 대영제국은 무슨 수를 내서라도 지켜야 한다고 믿었던 거죠. 이제 와서 생각해보면, 당시 그들은 미국이 1차 세계대전에 참전한 게 실은 대영제국에 매우 심각한 치명타였다는 걸 몰랐어요. 그건 더 이상 영국이 세계에서 자기들 마음대로 행세할 수 없다는 걸 보여주는 사건이었습니다. 그때부터 영국은 미국을 필요로 하게 된

* Baku: 아제르바이잔의 수도. 20세기 초 이곳의 유전은 세계 최대 규모였다.

거지요. 그들은 이렇게 생각하곤 했어요.

"우리가 미국을 조종하게 될 거야. 미국은 신생 강국에 불과해. 우리가 만든 나라야. 미국인들은 우리말을 쓰지. 우리는 경험이 많은 사람들이야. 미국인들이 우리가 생각하는 대로 따라오도록 만들 거야."

글쎄요, 물론, 미국인들은 개인적으로 이런 생각을 비웃었어요. 그렇게 될 리가 없다는 걸 알고 있었던 거죠.

러시아로 군대를 보내는 데 우드로 윌슨이 어떻게 관여했는지 설명해주실 수 있나요?

미국은, 적어도 미국 기업은 확실히, 1917년 이후 소비에트 연방의 출현을 위협으로 받아들였어요. 미국에 영향이 있을 거라고 아주 심각하게 두려워했던 건 아닙니다. 그렇지만 그곳에 끼친 영향이 없지는 않았어요. 아나키스트나 볼셰비키인 것 같다는 이유로 많은 이탈리아인들을 미국에서 추방한 사람이 바로 윌슨이 임명한 FBI 국장과 법무부 장관이었음을 잊어서는 안 돼요. 미국 각 도시에서 한밤중에 노동조합 활동에 참여했던 유럽 출신 이주노동자들의 집 현관문을 두들긴 후 그들을 끌어내 추방해버렸죠. 충격적인 일이었어요.

왜냐하면 당시 미국에 대규모 볼셰비키 정당이 설립될
가능성은 거의 없었거든요.
하지만 그들은 조금의 위험도 감수하려고 하지 않았어요.
정부도, 지도자들도, 기업가 계층도 모두 공포에 질려
있었어요. 그래서 그들은 생각했죠.
"우리가 뭘 할 수 있을까? 사방에 촉수를 뻗치고 있는 이
괴물의 머리를 잘라버리는 게 어떨까? 가서 그 괴물의
눈에 무언가를 쑤셔 넣자. 그 괴물은 바로 러시아다."
그래서 윌슨은 초기에 러시아혁명을 무산시키길 몹시
원했지만, 그럴 수 없었어요. 그리고 1930년대에
러시아혁명은 비극적으로 자멸하고 말았죠. 하지만
그 사실이 1950년대 혹은 60년대까지는 사람들에게
명백하게 드러나지 않았어요. 그래서 러시아혁명이 서구
세계를 계속해서 유지하는 데 심각한 위협이 될 거라는
생각은 냉전 시대 동안 중요한 신화로 기능했습니다.
러시아가 유럽 전체를 혁명화할 목표를 가지고
있다, 이것이 나토가 만들어진 이유였습니다.
또한 러시아로부터 미국을 방어하고 지키는 대형
군산복합체가 생길 수밖에 없던 이유이기도 하지요. 최근
공개된 각종 문서들로 인해 이제는 사람들이 그 신화가
터무니없는 생각이었다는 걸 알게 되었지만요.

미국인들이 러시아에서 살상을 저질렀는지에 대해 혹시 아시는 바가 있나요?

그런 일은 거의 없었어요. 물론 미국인들은 러시아에 간 군대를 후원했어요. 내전 때 반혁명군을 도왔고요. 하지만 실제로 살상한 건 이후 냉전 기간 동안 벌어진 것에 비하면 미미한 수준이었어요. 2차 세계대전 종료 직후의 일본은 말할 것도 없고, 베트남, 또는 한국에서 자행된 것에 비하면 별것 아니었다는 얘기예요. 그런데 1920년대 초반의 전쟁이란 요즘의 전쟁과는 전혀 다른 양상으로 전개되었다는 걸 기억해야 해요. 기껏해야 개틀링 포* 수준의 기관총이 사용되었거든요. 당시에는 굉장히 위협적인 무기로 인식되었겠지만, 최근의 무기에 비하면 형편없는 수준이었죠. 물론 그 전쟁에서는 사람들이 많이 희생되었어요. 그런데 그들은 대개 병상에서 사망했죠. 적절한 치료를 받을 수 없었기 때문이에요. 그게 희생자가 많았던 이유지요. 예를 들어 그 시기에 공군은 거의 투입되지 않았어요.

---

* Gatling gun: 수동식 기관총. 미국 남북전쟁 때 리처드 J. 개틀링(1818~1903)이 발명했다.

1939년 히틀러 50세 생일 기념 베를린 행진 모습.

영국의 대독 유화론자들은 알려진 대로 극단적인 우익 정치인이었지만, 비이성적인 사람들은 아니었어요. 그들은 히틀러를 이용해 러시아를 막을 수 있다면 큰 이익이 될 거라고 주장했지요. “소비에트 연방을 무너뜨리는 데 그를 이용하자. 나머지는 그다음에 얘기하면 된다.” 그들이 깨닫지 못했던 건, 그 경우 소비에트 연방은 무너질지도 모르지만, 히틀러가 하룻밤 사이 유럽을 접수할 만큼 강해질 거라는 사실이었어요.

제가 알기로는 1924년에 '폭격기' 해리스*가
바그다드에서……

'폭격기' 해리스는 바그다드에서 쿠르드족에게 폭탄 투하를 실험했어요. 그건 확실한 사실입니다.

2차 세계대전의 원인에 대해 종합적으로 이야기해주실 수 있을까요? 미국이 참전한 이유에 대해서도요. 선생께서는 진주만 공격에 대해서도 흥미로운 얘기를 하셨던 바 있죠.

독일이 1차 세계대전 전범국 처벌에 반발하며 팽창주의를 내세운 강대국으로 부상하려 한 것이 바로 2차 세계대전 때 벌어진 일이었다고 생각해요. 히틀러가 프랑스 점령 시 그 사실을 명백히 드러낸 적이 있어요. 1차 세계대전 때 독일은 한 기차 칸에서 항복 문서에 서명했습니다. 이후 그 기차 칸은 파리 근교의 박물관에 보존되어 있었는데, 히틀러는 바로 그곳에서 프랑스군 장군이 항복 문서에

---

* Arthur Harris(1892~1984): 영국의 군인으로 2차 세계대전 기간 중 공군 사령관을 지냈다. 민간인 희생을 무시하고 독일 도시 전체를 폭격하는 무리한 작전을 지시해 '폭격기(bomber)'라는 별명으로 불렸다.

서명하도록 했어요. 독일인에게 "우리가 돌아왔다"는 것을 보여주려고 했던 거죠. 독일이 2차 세계대전 중에 한 것이 이거예요.

하지만 이러한 모든 대중 선동 뒤에 제국주의적 관심이 있었다는 것도 명백히 사실이에요. 제3제국 지도자들의 연설을 면밀히 검토해보세요. 히틀러나, 아니 꼭 히틀러만 그런 건 아니에요, 특히 괴벨스의 연설을 찾아 악마의 발언이라고 치부하지 말고 하나의 정치 연설로 진지하게 읽어보세요. 잠시 거리를 두고서요. 그들이 말하려 했던 건 이런 겁니다.

"영국은 독일보다 훨씬 더 작은 나라다. 하지만 그들은 세계의 많은 곳을 차지하고 있다."

히틀러가 한 연설에서 이렇게 말한 적이 있어요.

"프랑스? 프랑스가 뭐냐? 그들은 우리보다 훨씬, 훨씬, 훨씬 더 작다. 그런데도 그들이 차지하고 있는 나라를 보라. 벨기에가 차지하고 있는 지역을 보라. 그러니 다시 분배되어야 한다. 우리는 그들에게 세계를, 그들의 식민지를 함께 나눠 갖자고 점잖게 요청해왔지만, 그 녀석들은 거절했다. 그러니 우리가 직접 가서 그들을 가르쳐야 한다. 독일은 세계적인 강대국이 될 것이다."

그러한 면에서 보면 2차 세계대전은 제국끼리 경쟁했던

아주 전통적인 전쟁이었던 거죠. 제국이 되고 싶었던 독일과 이미 제국이었던 프랑스와 영국—그리고 벨기에—의 대결이었던 거예요. 2차 세계대전의 이러한 측면은 매우 두드러집니다. 독일이 미국의 진입을 막기 위해 더 힘껏 애쓰지 않은 이유에 대해선 큰 물음표가 달려 있어요.

이제, 진주만 공격에 대해 이야기해봅시다. 제 생각에 진주만 공격은 머지않아 일어날 수밖에 없는 사건이었어요. 일본은 미국이 통상금지 조치를 내리는 등 자신들을 압박하고 있기 때문에 반격해야 한다고 생각하고 있었어요. 당시 정확한 세부사항이 미국 내에 알려져 있었는지 잘 모르겠지만, 진주만 공격 이후 자국이 고립주의에서 벗어나길 바랐던 미국 내 일부 세력은 안도의 한숨을 쉴 수 있었을 것 같아요. 미국에서 고립주의 경향은 늘 강했고, 1차 세계대전 이후엔 더욱 강고해졌기 때문이에요. 세계 다른 지역의 일에 상관하거나 개입하지 않겠다는 고립주의에는 명예로운 측면이 있었습니다. "우리가 왜 개입해야 해?"

하지만 그와는 반대로 해외에 진출해야만 미국의 이익을 지킬 수 있다고 생각하는 사람들도 있었어요. 그들은 그런 생각에서 벗어날 수가 없었지요. 루스벨트나 그와 가까운 일부 인사가 전쟁에 개입하길 바랐다는 건 의심할 필요가 없는 사실로 보여요. 지금은 누구나 다 아는 일이지만요. 그래서 저는 진주만 공격이 아주 좋은 구실이 될 수 있었겠다는 생각을 해봤어요. 공격이 감행된 이후, 미국 전체가 전쟁에 뛰어들게 되었거든요. 그리고 진주만 공격의 결과, 당시 미국에선 결코 있어서는 안 되었을 일들이 많이 벌어졌습니다. 예를 들면 일본계 미국인들을 감금, 수용하는 것을 나머지 사람들 모두가 용인했어요. 저는 늘 이런 게 궁금했습니다. 9·11 이후 몇 주 사이에 미국이 모든 미국인 무슬림들을 수용소에 무기한 감금하는 결정을 내렸다면 그 반응이 어땠을까. 별 반응이 없었을 것 같아 두려웠어요. 전 그런 게 두렵습니다. 물론 일부 선한 사람들은 잘못된 결정이라고 목소리를 냈겠죠. 다시 2차 세계대전 이야기로 돌아가, 그들이 아무리 그런 목소리를 냈다고 해도 어찌됐든 진주만 공격으로 인해 미국은 참전할 명분을 얻게 됩니다. 그 뒤에는 이렇게 전개되었어요. 미국이 일본에 선전포고를 하자, 일본의 동맹국이었던 이탈리아와 독일이 미국을 상대로 선전포고를 했어요. 사실 그래야 할 필요는 없었지요. 히틀러는 진주만 공격에 대해 아무것도 듣지 못했거든요. 우리는 진주만 공격과 상관없으니, 미국에 선전포고를 하지 않겠다고 할 수도 있었죠. 하지만 선전포고를 했어요. 제 생각엔 무모한 결정이었던 것 같아요. 당시 미국에는, 지금은 일본을 항복하게 만드는 데에만 집중할 때다, 태평양으로 진격하자, 독일과는 상대하지 말자고 주장하는 사람들이 있었거든요.

1940년 11월, 루스벨트가 참전하지 않겠다는 공약을 내세워 당선된 건 주목할 만하지 않은가요? 영국이 심각한 공격을 받은 직후였고, 함락될 위기에 처해 있을 때였죠. 많은 이들이 루스벨트가 영국이 함락될 거라 생각했다고 말해왔습니다.

네.

그러면 그에게는 포기할 용의가 있었던 거군요.

영국을 포기할 생각이 있었죠.

유럽은요?

유럽도요. 그리고 루스벨트만 그랬던 건 아니었다고 생각해요. 공평하게 말하자면 대부분의 사람들이 영국이 살아남지 못할 거라고 판단했죠.

그게 사실이라면, 루스벨트가 미래 세상을 그리며 그 많은 식민지를 통제해온 영국이 무너진 뒤를 상상했을 수도 있겠네요. 루스벨트는 이 식민지들을 미국이 차지할 수 있다고 봤을까요?

물론이죠. 전 그 이야기가 미국 지도층 엘리트 사이에서 긴히 논의되었을 거라고 생각해요.
"대영제국이 무너지고 있다. 세계에서 우리의 이익을 보존하고 지키기 위해 가능한 한 많이 식민지를 차지해야 할 것이다."
루스벨트는 처칠에게 이런 메시지를 보낸 적도 있어요.
"영국 해군이 독일군의 손에 무너지면 엄청난 비극을 초래할 것입니다. 그래서 제안하는 건데 우리가 돌볼 수 있도록 영국 해군 전체를 미국 항구로 보내주십시오."
이 메시지를 받고 처칠은 많이 놀랐어요. 패배한다는 생각은 계산에 넣지 않고 있었거든요.

그래서 캐나다의 뉴펀들랜드 섬에서 가진 회담의 결과인 대서양 헌장이 중요한 의미가 있는 거군요. 1941년 초,

처칠이 이른바 네 가지 자유*를 수호하기 위해 먼 길을 헤치고 와 루스벨트와 협상을 벌였기 때문이죠?

제 생각에 그땐 이미 영국이 점령당할 위기에서 벗어났던 것 같아요. 1941년엔 계속해서 전쟁을 벌일 수 있는 여력이 남아 있다는 게 점점 더 분명해졌죠. 브리튼 전투는 런던 상공에서 벌어졌지만, 독일군의 영국 침공으로 이어지지는 않았어요. 이 점이 또 다른 흥미로운 부분이에요. 영국은 일전을 준비하고 있었는데, 독일군이 갑자기 물러섰지요.

대신 러시아로 갔죠.

히틀러가 러시아에 가야 한다고 결정했어요. 그리고 독일은 바르바로사 작전을 준비하기 시작하죠. 이는 독일이 저지른 또 다른 전략상 큰 실수였어요. 단순히 그들의 관점에서 따져봤을 때, 러시아를 칠 거였으면

---

* 루스벨트가 1941년 1월 연두교서 연설에서 제시한 네 가지 자유로, 언론과 표현의 자유, 신앙의 자유, 결핍으로부터의 자유, 공포로부터의 자유를 가리킨다. 이 내용은 대서양 헌장에도 반영되었다.

처음부터 쳤어야 해요. 이게 독일군 장성 일부가 권고했던 전략이었어요. 또한 그렇게 하지 않고 대영제국을 노리고 영국을 초토화하기 시작했다면 사생결단을 냈어야 했지요. 하지만 마지막 순간 독일은 마음을 바꿨어요. 매우 비이성적인 판단이었죠.

다시 루스벨트 이야기로 돌아가자면, 그는 영국이 독일의 첫 공격을 막아내자 이렇게 생각했던 것 같아요. "영국이 계속해서 막아낼 것 같아. 당장 무언가를 해야만 해." 하지만 그는 어떤 전쟁에도 참전하지 않겠다는 공약으로 평화주의자들의 지지를 받아 당선된 사람이었죠. 이 사실은 평화주의, 고립주의 정서가 미국 내에 얼마나 깊이 뿌리내리고 있었는지를 잘 보여줍니다.

잠시 돈 문제에 주의를 기울여보죠. 우리는 미국인 다수가 독일 태생인 것으로 알고 있습니다. 또한 그들이 독일에 많은 재산을 가지고 있었다는 것도 알고 있고요. 그러니 독일과 거래를 했으면 수익이 컸을 거라 짐작됩니다. 영국과 그랬듯이, 독일과도 채권이나 주식을 거래할 수 있었습니다. 뿐만 아니라 당시 미국 내 반反영국 감정이 높았잖아요.

아시다시피 미국의 위대한 기업가 중 한 사람인 헨리

1941년 진주만 공격 모습.

포드는 친독일 성향이 매우 뚜렷한 인물이었습니다. 그래서 독일인들과 거래를 했죠. 그 밖에도 여러 인물이 있습니다.

찰스 린드버그*도요.

린드버그도 그랬죠. 그들 입장에서 보면 기업의 수장으로서 단순하게 판단했던 것 같아요. 원래 자본주의라는 게 피부색도 성별도 따지지 않는 거잖아요. 이익을 추구하는 투쟁일 뿐이죠. 그래서 독일 대신 굳이 영국에 특혜를 줘야 할 이유가 없었던 거예요. 그게 그들이 생각했던 방식이죠. 그리고 독일 지도자들이 반공산주의 세력이었다는 점도 맘에 들었을 거예요. 사실 그건 몹시 만족스러운 일이었죠.

돈 문제를 더 살펴보자면, 진주만 공격에 대해서도 궁금한 게 있습니다. 1931년부터 일본의 중국 침략 상황을 살펴보면,

---

* Charles Lindbergh(1902~1974): 미국의 비행기 조종사, 사상 처음으로 대서양 무착륙 단독 비행에 성공한 것으로 유명하다. 반유대주의와 백인 우월주의 성향이었던 그는 나치스에 우호적인 태도를 보였다. 포드사가 폭격기를 만드는 데 기술 자문으로 참여하기도 했다.

일본이 아시아권에서 백인과 외국인들을 몰아내고 제국을 구축하길 간절히 원했다는 사실을 분명히 알 수 있습니다. 일본은 진지하게 부를 추구하면서, 중국을 쪼개놓고, 태국과 인도차이나, 인도네시아, 그리고 석유가 나오는 남아시아로 진출하려 했습니다. 계속 부를 축적해갔죠, 그렇지요? 그런데 그 시점에 미국은 왜 갑작스레 통상금지 조치를 내렸을까요? 미국은 왜 남아시아에서 영국과 프랑스 제국의 이익을 지키는 동시에 일본이 부유해지는 걸 막으려 했을까요?

> 저는 미국 지도자 상당수가 프랑스나 일본에게서 식민지를 빼앗는 것보다는 세계에서 영국의 지위를 물려받는 게 훨씬 더 쉬운 일이라 판단했을 거라고 봅니다. 그건 어쩔 수 없는 통념이었어요. 영국의 식민지가 완전히 일본의 손아귀에 들어갈 경우, 미국은 그걸 영원히 또는 아주 오랫동안 잃을 거라고 생각한 거죠. 반면 영국이나 프랑스가 차지하고 있다면……

또는 독일이……

> 또는 네덜란드가 차지하고 있다면, 훨씬 더 쉬울 거라고 본 거죠.

그렇다면 미국은 인종 문제 때문에 일본보다 독일을 신뢰한 걸까요?

요즘의 미국 젊은이들이 당시 대일 전쟁 프로파간다 이미지를 보며 큰 충격을 받을 만큼 인종으로 인한 영향이 컸던 것 같아요. 일본이 저지른 짓과는 무관하게, 이른바 황화론黃禍論* 이 만연해 있었어요. 미국의 프로파간다 속 일본인은 '황색 악마'로 사악하게 그려지고 있었죠. 그리고 아시다시피 미국에서 인종주의는 매우 강력하게 작동했습니다. 사람들은 종종 큐 클럭스 클랜KKK의 본질을 외면하곤 합니다. 그들은 그저 흰색 옷을 차려입고 흑인들에게 폭력을 휘두른 또라이들의 소모임이 아니었어요. 아마도 헤아릴 수 없이 많은 수의 회원을 보유한 미국 내 최대 정치 단체였을 거예요. 가난한 백인들의 진심이 담긴, 인기 있는 대중운동이었죠. 그것이 현실이었어요. 그러니 미국 대중을 상대로 인종 문제를 꾸며내는 건 아주 쉬운 일이었을 겁니다. 물론 이미 중국인 노동자들의 미국 이주를 제한하고 있었죠.

---

* yellow peril: 황색 인종이 융성하고 번성하는 것은 백색 인종에게 위협이 될 것이라는 이론.

인종주의는 점점 더 깊이 퍼져갔어요.

통상금지 조치는 심각한 것입니다. 말하자면 미국의 통상금지 조치는 선전포고나 다름없었죠.

그렇습니다.

예를 들면 미국의 쿠바 봉쇄처럼 말이죠.

네. 심각한 것입니다.

그래서 제 생각에 일본이 당장 미국을 공격해야만 한다고 판단했던 듯합니다.

저도 그렇게 생각합니다. 일본이 좀 더 전략적으로 판단했다면 러시아를 공격했을 거예요. 그게 그들 입장에서 훨씬 더 합리적인 선택이었거든요. 그렇게 했다면 독일 동맹국 사이에 합류해 러시아를 점령할 수 있었을 겁니다. 하지만 일본은 미국을 공격하기로 결정했고, 이는 곧바로 미국의 참전을 불러일으켰습니다. 그리고 결국 그렇게 되고 말았죠.

일본과 독일 사이의 협력이 놀라울 만큼 부족했던 것처럼 보입니다. 여러 전선에 걸쳐서요.

그렇습니다.

특히 러시아 상황에서 그랬어요. 1940년께 일본이 시베리아에서 물러나자, 러시아의 주코프 장군은 시베리아에서 스탈린그라드로 이동할 수 있었습니다.

러시아 정보기관은 일본이 소비에트 연방으로 침공하지 않을 거라고 결론을 냈습니다. 그래서 군대를 이동시켜 독일군과의 전투에 투입할 수 있었지요. 당시 러시아 최고의 스파이 중에 매우 영리하고 경험이 많은 리하트르 조르가라는 볼셰비키가 있었어요. 그는 독일 가문 출신으로 러시아로 이주해온 사람이었습니다. 독일어를 완벽하게 구사했고, 누가 봐도 완벽한 아리아인으로 보였죠.
그는 일본에 자리 잡고 도쿄의 독일 대사관과 가깝게 지냈습니다. 대사가 베를린으로 돌아갔을 땐 조르가가 사실상 대사관을 운영할 정도였어요. 그래서 그는 모든 보고서를 볼 수 있었죠. 그는 러시아에, 스탈린에게,

독일이 러시아를 침공할 준비를 하고 있다고 경고했어요. 바르바로사 작전 개시일까지 알려주었습니다(그럼에도 스탈린은 그를 믿지 않았죠).

이렇게 일본 내 러시아 정보기관의 활동은 매우 훌륭했어요. 그들이 일본이 러시아를 공격하지 않을 거란 사실을 알아냈을 때, 모든 군대가 독일군과의 전투에 투입되었죠.

히틀러에게 러시아를 점령할 자신이 있었던 건 아닐까요? 그래서 일본이 뒷문으로 들어와 자신의 몫을 빼앗는 걸 원치 않았던 거고요.

사실 그럴 가능성이 높습니다.

독일이 승리했다면 일본을 치러 갔을까요?

제 생각엔 협상을 벌였을 것 같습니다. "더욱 방대한 일본 제국을 유지해도 좋다, 대신 동양에만 머물러라, 우리는 유럽과 방대한 러시아를 차지할 것이다."

이 모든 문제를 두고 미국에 대한 독일의 생각은 어떤

것이었을까요? 알 수 있을까요?

독일은 미국과 협상을 벌이게 될 것이라고 판단했습니다.
그럴 거라고 전적으로 믿고 있었어요. 말씀하신
대로 독일계 미국인이 많았기 때문이에요. 그래서
미국에 대한 적대감은 그다지 크지 않았어요. 그래서
제3제국은 미국을 대상으로 벌인 모든 프로파간다에서
미국의 문제는 금권정치와 그것을 형성한 유대인
세력뿐이라면서, 그 때문에 미국이 전쟁에 휘말려들게 될
것이라고만 떠들곤 했죠.
루스벨트가 유대인 금권정치의 노예였던 게 분명해요.
국민의 다수가 독일 출신인 상황에서 자신이 직접 독일
공격을 결정할 수는 없었다고 봐야 하거든요.

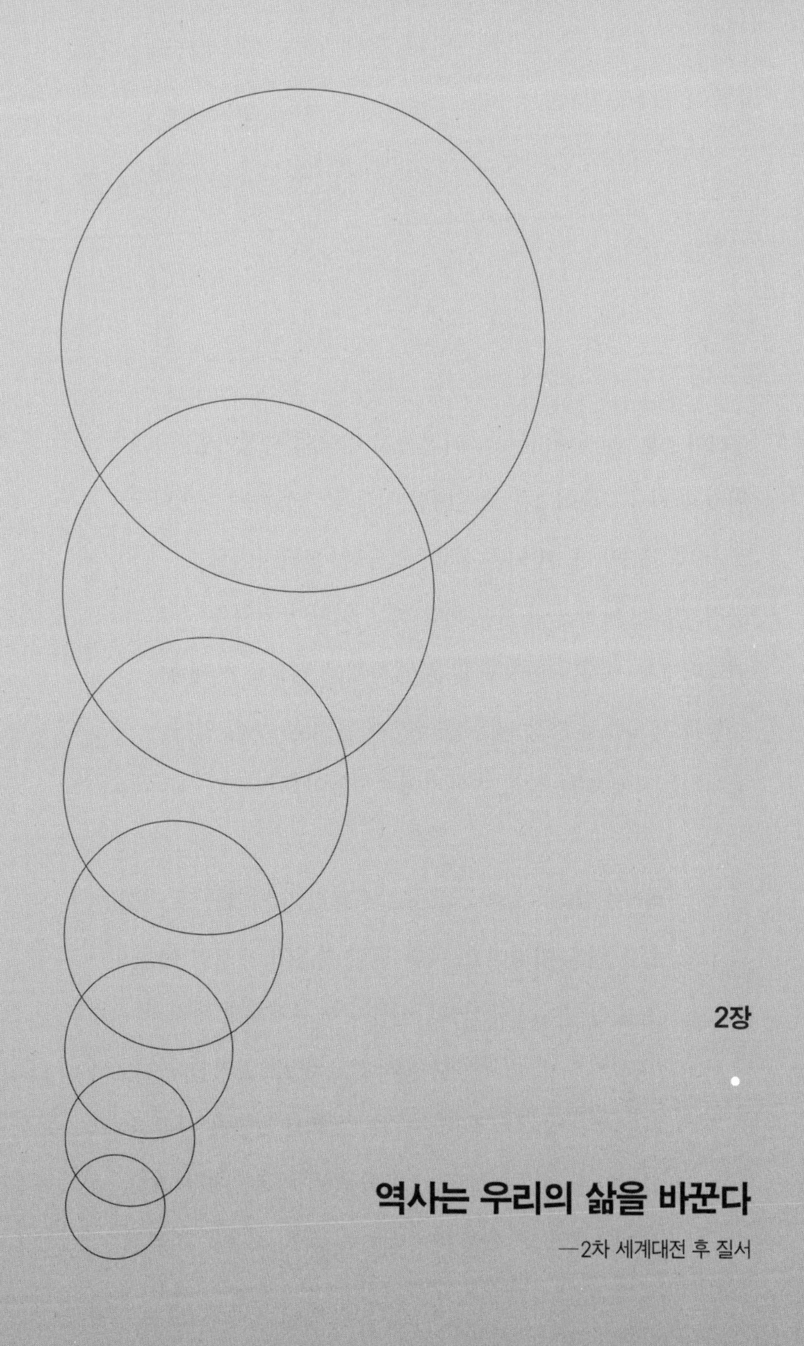

2장

역사는 우리의 삶을 바꾼다

—2차 세계대전 후 질서

올리버 스톤 선생께서는 그 이전까지 미국의 특징이었던 원자재 자급자족이 2차 세계대전 이후 불가능하게 되었다고 쓰신 바 있습니다. 미국은 석유, 철광석, 보크사이트, 구리, 망간, 니켈 등을 수입해야 하는 처지가 되었죠. 미국이 2차 세계대전 이후 많은 원자재를 필요로 하게 된 상황과 세계에서 가장 부유한 국가가 된 이후 무슨 일이 벌어졌는지에 대해 잠시 이야기해주시겠어요?

타리크 알리 전쟁이 끝나고, 사람들의 기대는 그 이전보다 훨씬 더 높아졌어요. 예를 들어 자동차 제조업 같은 특정 산업이나 군산복합체는 1차 세계대전 이전의 미국 지도자 그 누구도 상상조차 할 수 없었던 규모로 비약적인 발전을 이뤘습니다. 그래서 그들은 나라가 원활히 돌아가게 만들기 위해 물자 부족을 막으려고, 그리고 미국의 제국주의적 이익, 특히 석유를 지키고 보존하려고 했어요. 그래서 원자재가 필요해졌지요. 심지어 아이젠하워는 사실상 미국이 필요로 하는 원자재 확보 차원에서 베트남전쟁의 중요성에 대해 언급한 적도 있어요. 그리고 21세기 들어서는 미국을 곤란하게 만들었지만, 어쨌든 사우디아라비아와의 합의는 아주 흥미로운 일이었어요. 첫 번째 제국이 본격적으로 무너지기도 전에 제국이 다른 나라로 바뀌었음을 보여줬기 때문입니다. 미국은 2차 세계대전 기간 동안 사우디 왕가의 신변과 이익을 보호하는 역할을 영국에게서 넘겨받았어요. 당시 회담은 수에즈 운하에 있는 한 선박에서 이뤄졌죠. 그곳에서 합의문이 작성되었습니다.

사우디 왕가를 누구에게서 보호했다는 건가요?

그 나라 국민들로부터요.

설마 그 시절부터요?

네. 사우디 왕가는 물론이고 그들이 신봉하는 와하비즘* 종파는 사우디아라비아에서 소수의 이익만을 대변하고

인도의 민족해방 지도자 간디는 영국에게 당장 인도에서 떠나라고 요구했다.

있습니다. 그들은 처음에는 대영제국과의, 그다음에는 미국과의 합의를 통해 얻은 힘으로 사우디아라비아 국민들에 대한 통제를 강화하고 특정 종파를 강요하고 있어요. 국민들은 와하비즘을 진심으로 믿지 않습니다. 다시 2차 세계대전 당시로 돌아가보죠. 심지어 전쟁이 진행되고 있는 동안에도 미국의 고민은 갈수록 깊어졌습니다.

"프랑스가 무너졌으니, 프랑스가 차지하고 있던 식민지는 어떻게 되는 거야? 네덜란드도 독일에게 점령당했으니 싸울 수 없겠군. 그렇다면 인도네시아는 어떻게 되는 거야? 인도차이나는? 인도는? 일본이 인도를 차지하도록 내버려둘 수 있을까? 언젠가는 심각한 위협이 될 텐데."

그에 대해 간단히 설명해주실 수 있을까요?

1942년 싱가포르가 함락된 뒤, 인도의 민족주의자들, 특히 간디와 네루는 인도 독립에 대한 협상을 영국이

---

* Wahabi: 18세기에 시작된 이슬람 보수주의 운동. 어떠한 개혁도 비난하면서 이슬람의 근본적 가르침으로 돌아갈 것을 주장한다. 20세기 중반 이후 지나친 보수적 경향과 제한되고 한정된 종교관, 그리고 과격행동주의로 극단적인 운동으로 변질되었다는 비판을 받고 있다.

아닌 일본과 마무리해야 한다고 생각했어요. 그래서 간디는 처음으로 전략상 혹은 전술상 실수를 저지릅니다. 그는 영국에게 당장 인도에서 떠나라고 요구했어요. 그러자 영국은 전쟁이 끝날 때까지 기다려달라고 했지요. 그 뒤 떠나겠다면서요. 간디는 안 된다고 당장 떠나야 한다고 했어요. 그래서 영국은 정부에서 파견한 인력을 인도 영토에서 철수시켰습니다. 그리고 '인도를 떠나라Quit India'라고 불리는 시민 불복종 운동이 벌어졌어요. 요즘 사람들은 이를 단순한 민족주의 운동으로 보지만, 맞긴 맞습니다, 이는 싱가포르 함락 이후 일본의 거센 공격과 관련이 있었어요. 싱가포르 함락은 아시아에서 영국 군대가 경험한 최악의 패배였거든요.

그리고 영국은 일본이 계속 움직이고 있다고, 곧 버마에 도착할 거라고 생각했어요. "곧 벵갈을 점령할 거야. 벵갈을 점령한 뒤엔, 글쎄, 누가 알겠어? 델리까지 차지할지 몰라."

영국 정부, 특히 처칠은 겁에 질려 좌파 정치인들을 인도로 보냈어요. 그들은 간디를 찾아가 이렇게 말했죠. "당신이 원하는 건 뭐든지 줄 테니, 잠시만 기다려주세요. 백지 수표를 드릴게요."

간디는 이렇게 대답했어요. "도산을 앞둔 은행에서 발행한 백지 수표가 무슨 가치가 있나요?"

간디는 진심으로 영국이 끝났다고 생각했어요. 일본은 델리로 진격하지는 않았어요. 하지만 일본군이 생포한 많은 인도군 병사들이 인도 국민군* 이 되었다는 사실은 기억할 만한 가치가 있습니다. 그리고 수바스 찬드라 보스Subhas Chandra Bose라는 이름의 인도 국민회의 주요 지도자는 '적의 적은 친구'라는 민족주의 슬로건을 내걸고 도쿄와 베를린을 방문하여 인도에 남아 있는 영국인들을 상대로 군사 공격을 해줄 수 있는지 히틀러나 일본인들과 협상을 벌이기도 했죠. 이것이 인도 국민군이었어요. 당시 대중적 인기가 매우 높았죠.

인도 국민군은 어떻게 되었나요?

오래가진 못했어요. 영국을 상대로 싸우기는 했지요. 대부분이 체포되었어요. 전쟁이 끝나고 그들이 재판에 회부되었을 때, 네루를 포함한 인도 최고위 정치인들이 직접 법복을 입고 변론에 나섰어요. 그들을 가리켜

* Indian National Army: 1942년 일본군 포로였던 인도인 중 전향자들을 주축으로 창설한 독립 군사 단체. 4만 3,000명 정도의 규모였다.

민족주의자이며 애국자라고 했죠. 자신들은 그들의 방식에 동의할 수 없지만, 그들은 점령국에 맞서 할 일을 했을 뿐이라면서요.

일본은 버마를 점령한 이후 왜 더 많은 군대를 인도로 보내지 않았을까요?

그건 또 다른 미스터리예요. 일본이 왜 인도를 포기했을까요, 또 왜 소비에트 연방을 침공하지 않았을까요. 일본은 어느 시점이 되자 이를 포기하고, 다른 곳에 전력을 기울여야 한다고 판단했어요. 제 생각에, 그 시점에 보급로가 지나치게 길어진 걸 부담스러워했던 것 같아요.

인도에 일본이 취할 만한 부가 있었나요?

글쎄요, 인도에는 엄청난 부가 잠재해 있었죠.

부가 잠재적이라는 건 당장 취할 수 있는 건 아니잖아요.

맞습니다. 당시 인도의 재화는 착취당한 상태였어요.

하지만 인도에는 엄청난 노동력이 있었어요.

그랬죠. 하지만 그들에게 먹을 것을 제공해야 했죠. 일본에는 식량 부족 문제가 있었고요.
선생께서는 2차 세계대전이 끝나고 처음에는 미국이 일본에 단일당 체제를 도입할 것을 제안했다고 쓰신 적이 있는데요, 제가 정확히 읽은 건가요?

사람들이 일본 헌법을 제정한 맥아더 장군에 대해 많이 이야기합니다. 2003년 미국이 이라크를 침공했을 때, 사람들은 '일본식'으로 이라크 문제를 다루자고 제안한 바 있습니다. 하지만 당시 미국의 일본 점령 정책은 결코 진보적인 게 아니었어요. 무엇보다, 일본왕을 존속시킨 이유가 무엇입니까? 미국은 군주제를 도입한 적이 없고, 프랑스도 공화주의 전통을 가지고 있는 나라였습니다. 군주제는 영국의 전통이라고 봐야겠죠. 그런데 일본의 경우는 어떨까요. 제 생각에 맥아더와 미국 정부는 군주제를 폐지하고 일본을 공화국으로 만들면 자신들이 통제할 수 없는 사회적, 정치적 힘이 분출될 거라고 판단했던 것 같습니다. 그들은 항상 자신들의 입장에서 이 나라를 통치해줄 사람들을 필요로 했고, 왕이 있으면 더 유리할 가능성이 높다고 생각했습니다. 놀라운 건 전쟁을 지휘했던 왕이 전범 재판을 받는 동안에 이미 예정된 연설을 준비하고 있었다는 사실입니다. 맥아더가 일왕을 만나러 갔을 때, 일왕은 이제 끝났다고 생각했습니다. 그런데 정작 맥아더는 이렇게 말했죠. "기다리세요, 우리는 당신을 왕위에 머물게 할 겁니다, 당신의 지위는 안전합니다."

2차 세계대전 이후에도 세 동맹국, 즉 일본, 독일, 이탈리아의 군사 조직 대부분이 원래대로 유지되었고, 미국을 상대로 전투를 했던 병력도 계속해서 요직에 머물렀어요. 예를 들어 일본의 경우, 극소수의 인원만 제거했죠. 도조*를 비롯한 몇몇 사람을 단죄하는 재판이 있었거든요. 하지만 대부분이 군에 남았어요. 이탈리아의 경우, 무솔리니 정권의 사법부, 군대, 경찰 인력의 60~65퍼센트가 자리를 지킬 수 있었어요. 그나마 독일에서 가장 많은 인력이 해임되었을 거예요. 하지만 나치스 당원 다수가 기독민주당에 합류해 경찰과 사법부 등에서 활동했어요. 그때까지만 해도 적은 공산주의였기

---

* 東條英機(1884~1948): 일본의 군인이자 정치인. 2차 세계대전 이후 군사재판에 회부되어 전범으로 사형 판결을 받고 처형됐다.

맥아더가 일왕을 만나러 갔을 때, 일왕은 이제 끝났다고 생각했습니다. 그런데 정작 맥아더는 이렇게 말했죠. "기다리세요, 우리는 당신을 왕위에 머물게 할 겁니다, 당신의 지위는 안전합니다."

2차 세계대전 당시 미군 폭격기가 히로시마에 원자폭탄을 투하했다.

1차 세계대전이 미국을 세계무대에 올려놓음으로써 세계적인 강국으로 만든 결정적인 사건이었다면, 2차 세계대전은 미국을 제국주의 강국으로 만든 결정적인 사건이었어요. 미국은 지배력을 유지하기 위해 계속해서 전쟁을 수행해야 했습니다. 그래서 곧 한국, 베트남, 기타 여러 나라에 개입한 거고요 때문이에요. 공산주의자를 상대하는 데 필요한 것은 무엇이든 활용되었죠.

미국이 영국의 권위를 물려받아 초대형 제국주의 강국이 된 순간이 2차 세계대전 기간 중에 있었습니까?

2차 세계대전이 시작된 순간부터 상황은 변할 수밖에 없었어요. 1차 세계대전이 미국을 세계무대에 올려놓음으로써 세계적인 강국으로 만든 결정적인 사건이었다면, 2차 세계대전은 미국을 제국주의 강국으로 만든 결정적인 사건이었어요. 미국은 지배력을 유지하기 위해 계속해서 전쟁을 수행해야 했습니다. 그래서 곧 한국, 베트남, 기타 여러 나라에 개입한 거고요. 물론 미국은 북미에서는 언제나 제국이었습니다. 알려진 대로 멕시코 쪽으로 국경을 확장했고, 프랑스에게서 루이지애나 땅을 사들였으며, 영국을 몰아냈죠. 또한 간접적으로 남미를 통제했어요. 스메들리 버틀러 장군의 훌륭한 저서 《전쟁은 사기다War Is a Racket》를 보면, 심지어 계속해서 해병대를 보냈다는 사실을 알 수 있어요. 대체적으로 미국은 세계를 지배해나가면서 각 지역에 자신들의 의도대로 움직일 맹방을 만드는 방식을 선호했어요. 직접 개입해서 결과가 좋았던 적이 거의 없었거든요. 필리핀의 경우처럼 말이죠.

선생께서는 영국이 고작 3만 명의 병사를 가지고 인도를 통치했다는 점을 지적하신 바 있습니다.

그건 놀라운 일이에요, 그렇습니다. 영국이 한창 인도를 통치하고 있을 때 그곳에 있는 영국인 백인 병사는 겨우 3만 6,000명밖에 없었습니다. 하나의 대륙만큼 큰 땅덩어리에다 인구도 매우 많은 그곳을 통제하기로 한 영국인들은 먼저 여러 지역의 지배계급과 협상을 벌임과 동시에 인도 시골 중에서도 가장 가난한 지역 출신 인력을 모아 영국령 인도 군대인 '신형군新型軍, new model army'을 조직했어요. 영국인들은 도시에서 군인을 모집하지 않는 대신, 주로 가난한 농부나 그루카족 같은 산사람들을 채용해 보수와 편의를 제공했어요. 온정주의에 근거한 군대였다고 할 수 있죠. 신형군은 실패하지 않았어요. 오히려 아주 성공적으로 작전을 수행했죠. 그 어떤 제국주의 강국에서도 다시 할 수 없는 일이었어요.

그리고 영국인들은 지주계급을 성장시켰죠?

실제로 그랬습니다. 그 이전 무갈 제국 시기에는 지주 제도가 자리 잡지 못했어요. 나라에서 모든 땅을 통제했죠. 영국인들은, 지역 안에서 이미 주요 인사로 활동하고 있었지만 땅을 소유하지는 않은 채 징세를 통해 권력을 휘두르던 사람들에게 큰 토지를 지급함으로써 지주계급을 형성했어요. 그들 대부분은 서서히 소유한 땅을 늘려나가기 시작했죠. 영국인들은 이 사람들에게 "당신들은 지주입니다, 당신들이 이 지역을 통제합니다, 당신들이 관할 소작농들을 관리합니다, 우리는 당신들의 지원을 필요로 합니다"라고 말하며 이 모든 걸 제도화했어요. 그리고 이 땅에서 농사짓던 많은 소작농은 영국 군대에 징병되어 중국, 인도차이나 등 세계 여러 지역으로 가서 싸우게 됩니다. 많은 인도인 병사들이 2차 세계대전 중에 유럽 땅에서 사망했어요.

그런데 선생께서는 미국이 이러한 식민지 유산을 물려받을 때, 어떤 이례적인 현상이 있었다고 말씀하신 바 있는데요.

미국은 영국에게서 이러한 식민지 유산을

물려받았습니다. 하지만 영국 방식을 적용하지는
않았어요. 영국은 아프리카를 점령했을 때 영국인 관리를
그 나라 곳곳에 배치했어요. 여왕은 그 나라의 지도자가
되었고요. 이는 전통적인 옛날 방식의 식민지 정책이에요.
아프리카에 있는 프랑스 식민지는 프랑스 연방의 일부가
되는 거죠. 모든 협상은 기본적으로 파리에서 이뤄져야
했어요. 미국은 이 방식을 따르지 않았어요. 그렇게 하지
않은 한 가지 이유는 미국의 초기 이념이 반식민주의였기
때문이에요. 미국은 식민주의 강국인 영국을 몰아내야
하는 나라였잖아요. 그리고 이 이념은 미국이 미국 제국에
대한 계획을 세우는 데 매우 중요한 역할을 했어요.
미국인들은 자신들의 나라가 제국이라는 걸 받아들일 수
없었어요. 소비에트 연방이 붕괴된 뒤 최근에 들어서야
그 사실을 인정하기 시작했죠. 미국이 어떤 나라의 세관
직원으로 미국인을 파견하지 않았던 데에는 그런 이유가
있었던 거예요. 오늘날 이라크의 경우처럼 미국인들을
보내야만 하는 상황에선 항상 그 결과가 좋지 않았어요.
이런 식으로 미국은 다른 유형의 제국이었습니다.
사실 영국도 직접 점령한 아프리카에서보다 간접적으로
통제한 아르헨티나에서 재정적으로 더욱 많은 이익을
얻었어요. 미국의 입장에서 이익을 고려할 경우,

무엇보다 중요했던 게 이런 재정적인 부분이었다고 생각해요—미국 기업들이 그곳에서 무슨 사업을 벌일 수 있는지, 미국 기업들이 사업하는 데 가능한 최고의 환경은 어떤 것인지 등 말이에요. 이런 부분이 오랫동안 미국의 생각을 지배해왔어요.

오히려 신자유주의, 자유시장 철학 그 이상이군요?

심지어 그런 말이 만들어지기도 전이지만, 훨씬 더했죠. 미국은 이런 식으로 진행하는 경향이 있어요. 사우디의 석유산업도 이런 식으로 개발했습니다. 아람코* 가 들어가서 사우디아라비아의 석유산업이 실질적으로 개발된 거잖아요. 나중에 사우디인들은 엄청난 보상과 워싱턴을 향한 근본적이면서 영원한 헌신을 대가로 치르고 이 회사를 인수했어요. 미국 회사가 진입하면, 그 회사에 소속된 인력이 진입하게 되고, 정보기관 요원들이 들어가 무슨 일이 벌어지고 있는지 워싱턴에 보고하게

---

* ARAMCO: 사우디아라비아의 국영 석유 생산 기업. 1933년 미국의 석유 회사인 캘리포니아 스탠더드 사가 캘리포니아 아라비안 스탠더드 석유 회사를 설립한 것이 그 시초다. 1944년 현재의 회사명으로 이름을 바꾸었고, 1970년대에 사우디아라비아가 국유화했다.

되는 거죠. 이렇게 미국은 직접 점령하거나 군대를 보내는 걸 원치 않았어요. 반드시 필요해지기 전까지는 말이죠.

선생께서는 영국이 아프리카를 식민 지배하는 동안 노예제를 폐지한 사실을 이용하는 모습을 보고 약삭빠른 짓이라고 말씀하신 바 있습니다.

영국이 아프리카를 식민화하고 군대를 파병한 게 노예제를 폐지할 수 있었던 유일한 방법이었다는 주장은 매우 흥미롭습니다. 그 주장은 영국의 막대한 부가 아주 오랜 세월 동안 지속된 노예무역으로 형성되었다는 사실을 외면하고 있어요. 하지만 그들은 그러한 주장을 해왔죠. 그것은 "우리가 이 나라 또는 저 나라에 개입하는 건 인권 수호를 위해서다"라는 미국의 주장에 필적하는 수준이에요. 이것은 이데올로기적인 정당화예요. 집에 있는 국민들에게 부적절하지만 위안이 되는 명분을 제공하죠. 사실 이런 면에서는 영국이 가장 후안무치합니다.

노예제는 그렇지 않았더라도 폐지되었을까요, 아니면 실제로 영국이 끝낸 건가요?

남아프리카공화국 국민들이 아파르트헤이트에 반대하며 시위를 벌이고 있다.

남아프리카공화국에 아파르트헤이트 체제를 도입한 것도 영국이었다는 사실을 알 수 있어요. 백인 전용 클럽, 백인 전용 분리 구역 등을 만들었죠. 사람들은 아프리카너들이 남아공에 아파르트헤이트 체제를 도입했다고 하지만, 사실 영국인들이 전 세계에서 그렇게 했습니다.

아닙니다, 노예제는 이미 거의 끝나가고 있었어요. 그 과정은 19세기, 특히 미국 남북전쟁에서 남부가 패한 뒤 시작되었어요. 유럽에서는 이미 끝이 났고요. 프랑스혁명으로 노예제는 사라졌습니다. 아이티인 노예들이 항쟁을 벌이기도 했습니다. 결국 영국인들의 이야기는 전형적인 영국 제국주의의 반영이었던 거예요. 위선적인 거짓말이었죠. 영국이 아프리카를 통치한 방식에는 인종주의가 내재되어 있었습니다. 당시 상황을 들여다보면 남아프리카공화국에 아파르트헤이트 체제를 도입한 것도 영국이었다는 사실을 알 수 있어요. 백인 전용 클럽, 백인 전용 분리 구역 등을 만들었죠. 사람들은 아프리카너*들이 남아공에 아파르트헤이트 체제를 도입했다고 하지만, 사실 영국인들은 전 세계에서 그렇게 했습니다. 인도에서도 그랬어요. 물론 대부분 아프리카 지역에서 그랬지만요.

궁금한 게 있는데요. 선교사이자 의사였던 스코틀랜드인 리빙스턴**에 대해서 어떻게 생각하십니까?

---

* Afrikaner: 남아프리카에 살고 있는 네덜란드계 백인. 아프리칸스어를 쓴다.

지배하는 국가, 지배하는 인종에 속한 사람이라면
누구나 세상은 내 것이라고 생각하기 마련이에요.
아시겠지만 심지어 선한 사람들도 자신들은 세상 어디든
가서 탐험하여 많은 것을 발견할 수 있다고 생각하죠.
그들의 마음속 이면에는 자신의 나라가 제국이며, 내가
하는 행동은 모두 제국을 위한 것이라는 사실이 숨어
있어요. 리빙스턴도 그런 생각에서 자유롭지 못했습니다.
스코틀랜드인들은 잉글랜드인들에게 강한 적대심을
품고 있어요. 하지만 대영제국이라는 맥락에서 보면,
때로 스코틀랜드인들은 가장 지독한 제국주의자처럼
구는 경향을 가지고 있어요. 그들은 대영제국을 건설하고
운영하는 데 중요한 역할을 했죠.
또한 종교적인 부분도 있었어요. 사실 종교는 늘 역할을
해왔습니다. "우리는 이교도들에게 문명과 기독교를
전파하고 있다. 우리는 그들을 도울 것이다, 그런 만큼
그에 대한 보답으로 그들은 기독교인이 되어야만 한다."
많은 선교사들이 이런 생각을 했어요. 악한 동기는 전혀
없이 순수하게 이를 확신했던 거예요. "이 영혼들을

** David Livingstone(1813~1873): 스코틀랜드의 의사, 선교사. '노예사냥' 실태를 폭로해 노예무역 금지에 이바지했다.

구원하기 위해서, 육체는 죽어도 여전히 살아 있는 거란 사실을 확신해야만 해." 영국인들은 오스트레일리아에서 어느 정도는 그런 짓을 벌였습니다. 이뿐만 아니라 원주민들에게 개종과 자기네 삶의 방식을 강요했죠. 물론 그 결과 원주민 다수가 희생되었습니다.

리처드 버턴* 경도 선생의 악인 명단에 올라가 있습니까?

글쎄요, 버턴은 매우 흥미로운 사람이에요. 그리고 제 악인 명단은 아시다시피 그렇게 방대하지 않습니다. 세계로 나가 선한 행동을 하고, 언어를 발견하고, 그 언어에 대해 저술한 영국인 학자들은 많습니다. 이런 사람들 중 일부는 좋은 의미에서 동양학자라고 할 수 있어요. 그들은 '동양'의 문화를 배우고, 언어를 익힌 뒤, 그것을 영어로 번역하고 싶어했죠. 그리고 다른 사람들이 무슨 생각을 하는지를 배우기 시작하는 건 모두 선한 행동이라고 생각해요. 예를 들어 처음 중국으로 갔던 학자들은 우리에게 18세기 중국 소설에 대한 정보를 제공해주었죠. 그들이 없었다면 우리는 결코 알지 못했을

---

* Richard Francis Burton(1821~1890): 영국의 탐험가, 작가, 동양학자, 외교관.

정보였어요. 그래서 제 생각에 그들은 대체로 선한 사람들이에요.

프랭클린 델러노 루스벨트에 대한 견해를 말씀해주실 수 있을까요?

제 생각에 루스벨트는 20세기 미국이 배출한 대통령 중 가장 영리한 사람이었던 것 같아요. 그는 무슨 일을 해야겠다고 마음먹으면 그 일을 해냈지요. 그는 주변에 아주 선한 사람, 결단력 있는 사람들을 두었어요. 그들 중 일부는 그가 신뢰했고 일부는 신뢰하지 않았지만, 대체로 그는 스스로 결정을 내리고 그 결정을 밀어붙였어요. 사람들이 그 결정에 동의하든 동의하지 않든, 그 일을 수행했습니다. 대공황 시대 미국에 강력한 노동운동 진영이 있었다는 사실은 그에게 도움을 주었어요. 오늘날에는 노동조합이 미국 대중의 삶에 큰 영향을 미친다는 건 상상하기 어렵지만, 그 시절에는 그랬어요. 플린트, 미시건 등지에선 공장 점거도 있었어요. 자동차 공장 노동자들은 공장을 점거하고, 여성들은 여성으로서 줄 수 있는 도움을 주었습니다. 파업을 돕고, 남성들에게 음식을 제공하고, 연대를 구축했죠. 그리고 이렇게

프랭클린 루스벨트(1882~1945) 미국 대통령 동상.

제 생각에 루스벨트는 20세기 미국이 배출한 대통령 중 가장 영리한 사람이었던 것 같아요. 그는 무슨 일을 해야겠다고 마음먹으면 그 일을 해냈지요. 그는 주변에 아주 선한 사람, 결단력 있는 사람들을 두었어요.

아래에서부터 압박을 가해준 덕분에 루스벨트는 거대 기업에 맞서 뉴딜 정책을 밀어붙일 수 있었어요. 뉴딜 정책은 본질적으로 미국에서 이뤄진 사회민주주의 기획입니다. 다른 때였다면 추진할 수 없었을 거예요. 루스벨트는 텔레비전 이전 시대에 라디오를 통해 대중과 소통할 수 있었어요. 그래서 능력 있는 전쟁 지도자가 될 수 있었죠.

하워드 진은 루스벨트를 낮게 평가했던 것으로 보입니다. 그를 부패한 체제를 지키려는, 자본주의의 대변인 정도로 봤던 것 같아요.

물론 그런 면이 있는 게 사실이지만, 그건 서방 정치인 모두에게 해당되는 얘기 같아요. 가끔 사람들이 제게 오바마에 대해서 묻곤 합니다. 그러면 전 이렇게 대답하죠.
"글쎄요, 당신이 카이사르의 옷을 입고, 카이사르의 왕좌에 앉아 있다면, 카이사르처럼 행동할 수밖에 없을 거예요."
하지만 카이사르가 되는 데도 여러 가지 방식이 있겠지요. 칼리굴라처럼 될 수도 있고, 클라우디우스처럼 될 수도 있을 거예요. 콘스탄티누스처럼 될 수 있고, 율리아누스처럼 될 수도 있겠지요. 어쨌든 모든 정치인들에게 "그들은 자본가다, 자본가의 이익을 위해 헌신하고 있다"고 똑같이 얘기할 수 있을 겁니다. 그건 사실이죠. 하지만 마땅한 대안이 없는 경우라면, 그런 얘기는 별다른 의미가 없습니다. 그러니 질문은 이렇게 던져야 합니다.

"루스벨트에게 다른 의미 있는 대안이 있었는가?" 20세기 역사를 되돌아볼 때, 그때 그 시점에 루스벨트는 아마도 최선의 미국 대통령이었을 거예요. 그리고 부통령 헨리 월리스는 정말로 급진적인 생각을 하는 진정한 진보 인사였어요. 여당인 민주당에조차도 월리스를 몰아내려는 세력이 있었는데, 루스벨트는 아프고 병들어 그들과 더 이상 싸울 수 없을 때까지 월리스를 끌어안고 갔어요. 결국 민주당원들은 부통령 후보로 해리 트루먼을 내세웠죠.

이런 생각을 해봤어요. 루스벨트가 사망한 다음 월리스가 대통령이 되었더라면 어떻게 되었을까? 그렇게 되었다면 냉전 시대는 어떻게 전개되었을까요? 냉전 시대가 그런 방식으로 시작되었을까요, 혹은 아니었을까요? 월리스도 일본에 원자폭탄을 사용했을까요?

폭격이 끝난 뒤 드레스덴의 모습.

루스벨트도 원자폭탄을 사용했을까요?

흥미로운 질문이네요. 루스벨트는 미국인들이 일본에 대해 가졌던 일반적인 생각을 받아들였던 것 같아요. 일본과 관련된 부분에선 잘하지 못했죠.

그가 폭격을 승인했을 거란 말씀이시군요.

그랬을 거예요. 드레스덴을 비롯한 독일 도시에 자행한 폭격이 군사적으로 필요했을까요? 전 그렇게 생각하지 않아요. 그런데 제 견해에 동의하는 사람들조차도 드레스덴과 함부르크에 폭격이 가해진 것과 일본에서 새로운 무기가 실험적으로 사용된 것 사이에 큰 차이가 없다고 생각해요. 전 이 무기가 백인종을 상대로도 실험될 수 있었을지에 대해 의문을 품고 있어요. 악마화되어 있는 일본인들을 상대로 도시 두 개쯤 날려버리는 건 별 문제도 아니었던 거예요. 모두가 그에 동의했어요. 미국이 단독으로 결정한 문제가 아니었어요. 영국이 동의했고, 러시아가 동의했습니다. 좌익도……

러시아가 폭격에 동의했다고 하셨습니까?

러시아는 동의했습니다.

히로시마에요?

스탈린이 동의했습니다. 그 폭격은 러시아를 향한 경고이기도 했지만, 어쨌든 러시아는 그 무기가 일본에서 실험될 거라는 걸 사전에 통보받았어요. 하지만 아무런 항의도 하지 않았죠.

전후 반공산주의는 프랑스 등 유럽 지역보다는 미국에 깊이 뿌리내렸습니다. 그 배경에 어떤 이유가 있는 겁니까?

2차 세계대전 중 프랑스에서는 대규모 레지스탕스 운동이 벌어졌습니다. 레지스탕스 진영에는 두 세력이 있었어요. 먼저 드골 장군이 이끄는 민족주의 세력이 있었죠. 드골은 프랑스가 함락될 때 결연한 모습으로 "우리는 끝까지 이들과 싸울 것입니다"라고 말해 깊은 존경을 받았어요. 그리고 프랑스 공산당이 있었는데, 이들은 소비에트 연방이 공격받은 직후 저항에 참여했습니다. 공산당은 그때 많은, 정말 많은 사람들을 잃었어요. 1980년대 중반까지 프랑스 우익 세력 사이에는 레지스탕스 운동의 전통이 매우 강하게 남아 있었습니다. 공산주의자들이 저항에 참여해 한몫했던 만큼 그들을 비난하거나 매도하는 건 쉽지 않은 일이었어요. 또한 그 특정 시기에 성장한 프랑스 지식인들은, 공산당원이든 아니든 간에, 대개 맑스주의 사상에 대해 공감하고 있었어요. 특히 장 폴 사르트르, 시몬 드 보부아르, 그리고 그들 주변에 있던 젊은이 무리, 그리고 그들이 발간한 잡지《레탕모데른Les Temps modernes》에 대해 언급하고 싶네요.

덧붙여 이후 시작된 냉전 시대에 대통령이 된 드골은 미국의 세계 통제 계획에 동조하고 싶어하지 않았어요. 그는 프랑스의 나토 탈퇴를 주도했고, 베트남전쟁을 반대했지요. 드골은 미국에서 멀지 않은 캐나다 몬트리올 시를 방문하여 "자유 퀘백이여, 영원하라!"를 외치기도 했습니다. 이 정도면 충분하지 않습니까? 냉전 시대에 프랑스는 미국과 같은 역할을 맡지 않았던 거예요. 매카시즘이 미국에서 형성된 것과 똑같은 방식으로 정착된 유럽 국가는 많지 않습니다. 스칸디나비아 반도 정도를 제외하면요. 이탈리아 공산당은 규모가 컸어요. 저항운동에서 맡았던 역할 덕분이었죠.

그런데 2차 세계대전 중 미국에선 수많은 파업이 있었어요.

여기서 궁금한 게 있는데, 1944년과 트루먼이 반노동 법안인 태프트-하틀리 법*에 서명한 1947년 사이에 왜 그렇게 급격한 변화가 있었던 걸까요? 돌아보면, 유진 뎁스**는 대통령 선거에 출마했지만 결국 수감되고 말았습니다. 빅 빌 헤이우드***는 유죄 선고를 받고 결국 미국에서 달아나야 했습니다. 엠마 골드만****의 추방과 파머 습격*****으로 노동조합의 중추가 무너졌던 것 같아요. 노동계를 상대하는 전쟁은 계속 진행 중인 듯합니다.

> 미국 노동운동 진영을 상대로 총력전이 펼쳐졌어요. 1920년대 초반부터 계속되었죠. 경찰이 그랬든

---

* Taft-Hartley Act: 1947년 제정된 법으로 파업권의 제한, 부당 노동행위 금지, 쟁의의 조정 절차로서 긴급조정제도의 신설 등을 주요 내용으로 하고 있다.

** Eugene V. Debs(1855~1926): 미국의 노동운동가. 사회당 후보로 대통령 선거에 여러 번 출마했다.

*** Bill Haywood(1869~1928): 미국의 노동운동가. 1917년 방첩법(Espionage Act) 위반 혐의로 재판을 받던 중 러시아로 망명해 그곳에서 생을 마감했다.

**** Emma Goldman(1869~1940): 리투아니아 출신의 혁명가, 아나키스트. 1885년 러시아에서 미국으로 이민했다. 이후 미국에서 선동, 군대 징병 방해 등의 이유로 여러 차례 수감 생활을 한 끝에 1919년 러시아로 추방됐다. 소비에트 정부에도 반대하여 이후 영국 · 미국 · 캐나다 등지에서 살았다.

***** Palmer Raids: 1919~1920년 사이에 미국 내 좌파와 아나키스트 다수가 체포되고 추방된 사건. 윌슨 행정부의 법무장관 미첼 파머의 지휘하에 이뤄졌다.

사설업체가 그랬든 기업이 고용한 용역들이 그랬든, 파업 노동자들에게 가해진 물리적 폭력 사건 통계를 보면 깜짝 놀랄 만큼 많았습니다. 정부의 지원 또는 승인하에 노동운동 진영을 분쇄하려는 탄압이 가해졌어요. 이 시기에 '볼셰비키의 위협'은 역시 큰 역할을 했지요. 그와 동시에 미국의 지도자들은 종교적 상상력을 발휘하기 시작했어요. 1950년대 달러 지폐에 "우리는 하나님을 믿습니다"라는 표어가 들어갔죠. 그리고 종교심이 그다지 깊지도 않은 대통령이 종교계의 비위를 맞추기 위해 그럴듯한 말을 하는 경우가 점점 늘어났어요.

이유가 뭡니까? 종교를 공산주의에 맞설 무기로 여겼기 때문이에요. 또한 정부에서도 마찬가지로 종교적 상징을 사용하기 시작했어요. 이는 냉전 시대의 흥미로운 특징이에요. 부분적으로 오늘날 우리의 모습이 이렇게 된 이유이기도 하지요.

미국은 그 이전보다 훨씬 더 종교적인 나라가 되었어요. 종교가 훨씬 더 진지하게 받아들여지고 있죠. 냉전 시대 이전, 종교는 일종의 개인적 문제였어요. 한 나라의 특성을 만드는 것과는 아무런 상관이 없었어요.

하지만 월리스 대신 트루먼이 대통령이 됩니다.

헨리 월리스가 제거되고 해리 트루먼이 당선된 사실은 미국이 어떤 특정한 방향으로 나아가기로 결정했다는 걸 의미합니다. 그 방향에는 공격적인 외교 정책도 포함되어 있었어요. 러시아와 맞붙기로 한 거죠. 그 결과 발생한 첫 번째 큰 사건이 한국전쟁이었어요. 전쟁에 패한 일본이 물러간 뒤, 한국엔 온갖 민족주의, 공산주의, 기타 급진적 흐름이 뒤섞여 있었어요. 미국이 개입하지 않았다면, 한반도 전체가 공산주의자들 손에 넘어갔을 가능성이 매우 높았죠. 흥미로운 건 현재의 북한에서보다 남한 지역에서 공산주의자들이 더욱 큰 대중적 인기를 누렸다는 사실입니다.

예를 들어 서울에서 한국인 공산주의자들에 대한 대중적 지지는 상당했어요. 김일성은 서울의 공산주의자 대부분을 좋아하지 않았어요. 그들을 보면 공산주의가 정말로 높은 인기를 누렸던 시기가 자연스레 연상되었는데, 김일성은 그걸 좋아하지 않았거든요. 그래서 김일성이 북한 지역에 스탈린의 독재를 모방해서 조선인민민주주의공화국을 세웠을 당시, 남한 출신 공산주의자들은 탄압을 받았습니다. 그들에겐 아무런 직책이 주어지지 않았어요. 많은 이들이 살해당했고, 일부는 수감되었죠.

미국은 한국이 공산주의에 '함락'되는 걸 용납하지 못했어요. 미국은 한국에 군대를 보냈고, 남한과 북한 사이에 있던 위도 38도선에 국경을 설정했습니다. 이에 북한은 남침을 결심하고 국경을 넘었어요. 이는 미국에 전쟁을 할 수 있는 명분을 제공했지요. 이 전쟁은 3년 동안 계속되었어요. 냉전 시대 최초의 격렬한 전쟁이었죠. 만약 중국 군대가 들어오지 않았다면, 북한은 맥아더에게 함락되었을 거예요. 맥아더는 "우리는 북한의 공산주의자들을 물리치게 될 것이다, 필요하다면 압록강을 건너 중국으로 진군할 것이다"고 말하기 시작했어요. 이런 종류의 발언은 매우 위험했지요. 중국은 1949년 10월에 혁명에 성공했습니다. 앞에서 러시아혁명이 유럽에 불러일으킨 열망에 대해 이야기를 했습니다. 중국혁명도 아시아에 그와 비슷한 열광을 불러일으켰어요—중국식 방식, 중국식 방향이었죠. 마오쩌둥은 인기가 높은 영웅이었어요. 그들이 장악한 건 세계에서 가장 큰 나라였습니다. 시시한 곳이 아니었죠. 그래서 한국전쟁이 시작되었을 때, 중국은 북한이 넘어가는 걸 받아들이지 않기로 결정하고 군대를 보냈어요. 중국 군대는 1953년 정전협정이 이뤄질 때까지 미국과 싸웠어요. 그 대가로 엄청나게 많은 희생자가 생겼습니다. 마오쩌둥의 아들도 한국전쟁에 나가 목숨을 잃었어요. 이것이 바로 냉전 시대의 첫 전쟁이었어요. 냉전 시대 초기는 구제국들이 몰락하고, 미국이 점차 그 제국들의 역할을 차지해가는 모습을 볼 수 있는 시기였어요. 한국전쟁은 일본 제국의 붕괴와 관련이 있고, 베트남전쟁은 프랑스 제국의 붕괴와 관련이 있죠.

이란도요.

1950년대 초반 이란에서는 영국의 쇠락을 여실히 보여주는 일들이 벌어졌습니다. 영국은 더 이상 이란을 통제할 수 없었거든요. 이란에 민족주의 정부가 들어선 게 분기점이었어요. 모하마드 모사데크가 이끄는 민주 진영인 민족전선당이 선거에서 승리했던 거예요. 모사데크가 당선된 뒤 처음 한 일이 석유산업 국영화였어요. 그는 이란의 석유를 영국이 통제하도록 내버려둘 수 없다고 말했죠. 그런데 그 시기에 미국이 영국을 돕기로 결정했어요. 그래서 CIA와 영국 정보기관이 함께 모사데크 정권을 쓰러뜨릴 계획을 세웠어요. 망명했던 왕을 다시 이란으로 데려와 신앙이 독실한 사람들을 규합하려고 했어요. 테헤란에서 벌어진

모하마드 모사데크(1880~1967). 1951년 총리가 되어 석유산업을 국유화했다.

미국은 그들을 무너뜨리고 제거하기 위해 수단과 방법을 가리지 않았죠. 해당 지역에서 힘을 유지하기 위해선 전쟁을 포함하여 무슨 짓이든 해야 한다는 게 미국의 생각이었어요.

모사데크에 반대하는 시위는 모두 이슬람 사원에서 계획한 거였어요. 왕이 다시 권력을 쥐게 되면서 모든 다른 정당 활동은 금지되었어요. 정기적으로 고문이 가해졌습니다. 고문이 가해질 수 있던 유일한 공간이 바로 사원이었죠.

1953년 이란에서 모사데크를 물러나게 만든 수법은 여러 곳에서 광범위하게 사용되었습니다. 라틴아메리카에서도 과테말라의 아르벤스 같은 민족주의 지도자들이 워싱턴의 간섭과 미국 기업의 영향에서 벗어나기 위해, 자국을 보호하기 위해, 빈자를 구제하기 위해 여러 가지 시도를 했지만, 이 모든 시도는 공산주의자들의 잔인무도한 행위로 간주되었어요. 미국은 그들을 무너뜨리고 제거하기 위해 수단과 방법을 가리지 않았죠. 해당 지역에서 힘을 유지하기 위해선 전쟁을 포함하여 무슨 짓이든 해야 한다는 게 미국의 생각이었어요. 남미에서든, 이란에서든, 아시아에서든, 최악의 요소, 즉 공산주의와 연관된 건 모두 제거하겠다는 생각이었죠. 공산주의는 유일한 적이고, 그 적을 물리치기 위해선 어떤 방법을 사용하든지 정당하다고 봤어요.

이 시기에 베트남전쟁도 벌어졌는데, 이 전쟁은 그러한 미국의 생각을 가장 적나라하게 보여주는 사건이었어요.

미국이 인도네시아에서 큰 성공을 거둔 직후 베트남전이 확전된 사실을 기억하는 건 중요합니다. 1965년 당시 미국은 공산주의자 백만 명을 쓸어버릴 군대를 조직해서 인도네시아 독립을 주도한 민족주의 지도자 수카르노를 몰아내고 그 자리에 잔인한 독재자 수하르토를 앉혔지요. 《타임》지는 이를 가리켜 미국을 위한 큰 승리라고 공개적으로 말했어요—사실이 그랬고요.

하지만 베트남전은 모순으로 가득한 전쟁이었습니다. 끝나지 않는 전쟁이었고, 징집병들이 수행한 전쟁이었어요. 징집병으로 이뤄진 군대는 1960년대 미국이 어떤 나라였는지를 잘 보여줍니다. 흑인, 백인 군인들은 "제기랄, 아니요, 안 갈 겁니다"라고 외쳤고, 군대에서의 저항감은 커져만 갔어요. "베트남에서 전투를 치르지 않을 거예요." 미 국방부는 무너졌어요. 군인들이 자신감을 상실했기 때문에, 더 이상 전쟁을 무리해서 치를 수 없다는 걸 알게 되었죠. 반전운동의 역할도 중요하긴 했습니다. 그 의미를 폄훼하고 싶은 생각은 조금도 없지만, 결정적이었던 건 미군 지위체계 내에서의 저항 확산이었다고 생각해요. 미국 역사에, 또 대부분의 나라의 역사에서, 이와 비슷한 사례는 거의 없었습니다. 1차 세계대전과 러시아혁명 당시에도 부분적으로 이런 일이 있었어요. 병사들이 총을 내려놓고 저항했거든요. 미 국방부 앞에서 군인들이 대규모 시위를 벌이는 건 믿기 힘든 현실이었습니다. 군복을 입은 군인들이 목발에 훈장을 매달고 있었어요. 그들 중 일부는 미국 역사에서 가장 많은 훈장을 받은 군인이었습니다. 그들은 "우리는 이 전쟁에서 이기길 바라지 않는다, 그리고 당신들이 이 전쟁을 계속 수행하는 걸 바라지 않는다"고 외쳤어요. 전대미문의 일이었죠. 미국의 가장 선한 얼굴이 엿보이는 순간이었어요. 저는 종교 근본주의자들과 논쟁을 벌일 때마다 이런 이야기를 하곤 해요.

"당신들은 기본적으로 미국이 어떤 나라인지 모르고 있어요. 왜냐하면 미국은 그 지도자가 다른 누구도 아닌 바로 자국 국민들을 몹시 두려워하는 나라이기 때문이에요. 그러니 당신들은 미국 국민이 어떤 사람들인지, 그들 행동의 이유가 무엇인지, 그들이 어떤 식으로 사고하는지를 알아야 합니다."

미국 국민들은 베트남전을 끝낸 사람들이에요—베트남인들의 역할도 분명히 있었지만요. 제 생각에 미국은 징병제를 다시는 추진하지 않을 것 같아요. 징집병으로 편성된 군대로 전쟁을 수행할 수 없다는 걸 알게 된 거죠.

수카르노와 비동맹 운동 진영 사이의 관계는 어땠나요? 미국이 그를 위협적인 인물로 본 이유는 무엇인가요?

글쎄요, 우리가 이야기해왔듯이, 미국은 세상을 흑백논리로 봐왔어요. 회색은 있을 수 없다고 생각했죠. 그러니 공산주의를 신봉하지는 않지만 친미 성향을 띠지도 않는 지도자를 받아들일 수 없었던 거예요. 인도의 네루, 유고슬라비아의 티토, 가나의 은크루마, 인도네시아의 수카르노 등이 창안하여 시작한 비동맹 운동은 냉전 구도에 포함되는 걸 원치 않는 움직임이었어요. 공산주의자는 아니지만, 냉전 세력에게는 동의하지 않는다는 입장이었죠. 미국 정부는 이성적으로 판단하여 자신들과 공산국 사이에 일정한 공간이 있고, 대강의 제3노선이 존재해서 사람들이 자신의 길을 찾아나서는 게 나쁘지만은 않다고 말해왔어요. 하지만 그 시기의 히스테리는 그들 편은 아니지만 그렇다고 우리 편이지도 않다고 말하는 사람들을 적으로 취급하게 만들었죠. 그래서 그런 정부를 차례로 무너뜨렸습니다. 인도네시아의 경우, 비행기를 타고 중국을 방문하는 수카르노를 적으로 간주했어요. 수카르노는 베트남 정부와도 대화를 했죠. 또한 베트남전쟁을 반대하는 발언도 했어요. 그래서 무너뜨릴 수밖에 없었던 거예요.
우리 모두 알다시피 수하르토는 미국과 친밀하게 함께 일해온 인물로서, 쿠데타를 준비하기 시작했죠. 그들은 쿠데타를 준비하는 동안 명분을 만들었어요. 몇몇 사건이 벌어졌고, 그것을 빌미로 군부가 들고일어났습니다. 군부가 들고일어날 수 있도록 상황을 만들어두었던 거예요. 완벽하게 준비되어 있었죠.
수카르노는 가택 연금을 당했어요. 공산당 지도부도 전원 체포되었고요. 명단은 이미 확보되어 있었습니다. 자경단이, 주로 이슬람 근본주의자로 구성된 자경단이 조직되어, 아름다운 섬인 발리에서 집집을 돌아다니며, 저 집에 공산주의자 가족이 살고 있다고 외친 뒤 가족을 끌어내 여성들을 살해했죠.

명단을 제공한 사람은 누구……

CIA와 인도네시아 정보기관이었어요. CIA가 모든 나라에서 했던 일 중 하나였어요. 필립 에이지*가 밝힌 대로, 그들은 위험분자, 공산주의자, 유격대원의 명단을 마련했죠. 때로는 사람들을 잡아다 고문하여 그 명단을

인도네시아 초대 대통령 수카르노(1901~1970)가 1965년 메이데이 집회 때 연설을 하고 있는 모습.

1965년 당시 미국은 공산주의자 백만 명을 쓸어버릴 군대를 조직해서 인도네시아 독립을 주도한 민족주의 지도자 수카르노를 몰아내고 그 자리에 잔인한 독재자 수하르토를 앉혔지요.
학살을 묘사한 끔찍한 이야기들을 많이 읽었어요. 어떤 지역에서는 공포심을 유발하기 위해 살해된 사람들의 내장을 꺼내고, 성기를 매달아놓기도 했어요. 며칠 동안 시체로 뒤덮이고 피로 붉어진 강물이 흘렀다는 묘사도 있었어요.

만들곤 했어요. 이라크에서는 사담 후세인 같은 바스당 내부자와 함께 일했죠. 그 내부자들은 몰아내야 할 공산주의자 명단을 제공했어요. 후세인도 그랬지요. 비슷한 명단이 수하르토에게도 제공되었습니다.

1965년 인도네시아에서 살해된 다수의 사람은 중국인들이었습니다. 맞나요?

그리고 극빈층이었지요.

그 원인 중 인종 문제도 있었나요?

글쎄요, 중국혁명 세력이 승리한 이후 인도네시아 지역의 많은 중국인이 혁명에 공감했습니다. 당연히 인도네시아 공산당에도 공감하게 되었겠죠. 이런 현상은 자카르타와 중국인 인구가 많은 지역에서 나타났어요. 심지어 베트남, 특히 사이공에서도 그랬고요. 그런데 미국은

---

* Philip Agee(1935~2008): 1957~1968년 사이에 CIA에서 근무했다. 그 경험을 바탕으로 1975년 CIA를 비판하는 저서 《직장 내부로: CIA 일기(Inside the Company: CIA Diary)》를 펴냈다.

이 사실을 소수 민족인 중국인을 대상으로 한 외국인 혐오증을 조장하는 데 활용했습니다. 그들은 "우리는 초론 지역에 사는 중국인들에게서 남베트남인들의 이익을 보호하고 있다"거나 "우리는 사악한 악마 같은 외국인인 중국인들에게서 인도네시아의 이익을 보호하고 있다"는 식으로 떠들어댔어요.

하지만 주목적은 인도네시아 공산당이 정치 세력으로 기능하지 못하게 만드는 것이었어요. 인도네시아 공산당은 공식적으로 공산화된 나라의 경우를 제외하면 세계에서 가장 큰 공산당이었거든요. 그리고 인도네시아는 세계에서 가장 큰 이슬람 국가이기도 하지요. 인도네시아에서 공산당이 제거되자, 당시 정치적 공백이 상당했어요.

백만 명이 살해되었다고요?

네. 백만 명입니다.

남성, 여성, 아이들까지요?

남성, 여성, 아이들까지요. 그 당시를 묘사하면 너무

끔찍……

전국 각지에서 벌어졌나요?

네. 전국 각지에서요. 한적한 섬이었던 발리에서도요. 발리의 공산주의자들은 강성이었거든요. 저는 이 학살을 묘사한 끔찍한 이야기들을 많이 읽었어요. 어떤 지역에서는 공포심을 유발하기 위해 살해된 사람들의 내장을 꺼내고, 성기를 매달아놓기도 했어요. 며칠 동안 시체로 뒤덮이고 피로 붉어진 강물이 흘렀다는 묘사도 있어요.

당시 미국 정부와 CIA는 이 사건을 위대한 승리로 보았나요?

미국은 이를 대단한 승리로 간주했어요. 역사적으로 제국은 매우 근시안적인 사고를 하는 모습을 보여왔죠. 그들이 멀리 내다보며 전략적인 사고를 하는 경우는 드물어요.

그들이 비동맹 운동 진영의 주요 지도자인 수카르노를 제거할 의도를 가지고 있었다면, 인도의 네루는 왜 내버려둔 걸까요?

인도에서 자와할랄 네루를 제거할 준비는 하지 않았어요. 당시 인도는 많은 존경을 받던 나라였으니까요. 특히 서구에서 유럽인들에게 존경을 받았죠. 네루는 일종의 사회민주주의 지도자로 알려져 있었어요. 그는 선거를 통해 당선되었고, 야당도 있었으며, 인도 군대는 독립되어 있었죠. 인도 군대를 조종하는 건 미국에게도 매우 어려운 일이었어요. 그래서 인도를 상대로 할 수 있는 일이 없었죠.

그들이 할 수 있었던 건 1958년 10월 파키스탄을 기지로 만드는 것이었어요. 쿠데타 세력을 조직해서, 파키스탄 군부가 자신들에게 심하게 의존하도록 만들었죠.

파키스탄 군부와 미 국방부 사이의 밀접한 관계는 1950년대, 냉전 시대 초기 때부터 존재했던 거예요. 당시 파키스탄 지배층은 군부를 이용해 총선이 이뤄지는 걸 막았죠. 그들은 미국과 맺은 안보협약을 깨뜨릴 정부가 선출될까봐 두려워했거든요. 미국은 인도를 상대로 할 수 있는 일이 많지 않다는 걸 알고 있었어요. 그래서 파키스탄에 집중했지요.

파키스탄은 동남아시아조약기구*의 핵심 회원국이 되었습니다.

네. 이후 파키스탄 군부는 아주 가치 있는 미국의 자산이 되었어요. 미 국방부와 직접 연결이 되어 있었죠. 파키스탄군 장교들은 대부분 포트 브래그를 비롯한 미군의 군사학교로 가 훈련을 받았어요. 파키스탄 군부와 미국과의 밀접한 관계로 인해 파키스탄군 안에 비상조치를 위한 특공대가 꾸려지기도 했고요. 인도인들은 모두 이 사실을 알고 있었어요.

그 당시 파키스탄에 정치적으로 위협이 될 만한 인물은 누구였나요?

즉시 위협이 될 만한 지도자 개인은 없었어요. 하지만 1959년 4월로 예정된 선거에서 승리할 경우 미국과 맺은 안보협약에서 파키스탄을 구출하겠다고 선언한 정당은 서파키스탄에도 또 동파키스탄에도 있었습니다. 파키스탄은 인도처럼 비동맹 국가가 되었어야 했어요. 그런데 그렇게 되는 걸 두려워했어요. 여러 가지 면에서

---

* Southeast Asia Treaty Organization: 1954년 오스트레일리아, 프랑스, 뉴질랜드, 파키스탄, 필리핀, 태국, 영국, 미국 대표가 조인한 동남아시아 집단방위조약에 근거해 설립된 기구. 목표는 공산주의의 팽창주의에서 동남아시아 지역을 방위하는 것이었으며, 1977년 공식 해체되었다.

말도 안 되는 두려움이었지만, 어쨌든 그랬어요.

1958년 쿠데타는 선생의 삶에서도 주요한 사건이었을 듯합니다. 그렇지 않나요? 당시 선생은 열다섯 살이었군요. 당시 파키스탄에 계셨습니까?

예.

선생의 삶이 그 이전과 완전히 달라졌겠네요.

전과 같을 수는 없었습니다. 변해버렸지요. 우리는 매우 분노했어요. 그리고 저는 군부 지도부를 상대로 한 운동에 적극적으로 참여했어요. 우리는 캠퍼스에서 학습 모임과 조직을 만들었어요. 저도 그 당시 최초의 시위를 조직했죠. 군부가 들어선 뒤, 모든 정당과 노동조합이 해산되었어요. 공공장소에서 시위는커녕 네 사람 이상 모이는 것도 허용되지 않았습니다.
1961년이었던 것으로 기억하는데, 콩고의 지도자 파트리스 루뭄바가 살해되었다는 뉴스가 전해져왔어요—벨기에의 짓이었는지, 미국의 짓이었는지, 양국의 합작이었는지는 모르겠어요. 인도의 네루는 역사상 가장 큰 범죄라고 비난하며, 서방세계는 독립운동 지도자를 살해한 대가를 치르게 될 거라고도 했습니다.

하지만 우리 정부는 침묵을 지켰어요. 그래서 대학에서 저는 루뭄바를 옹호하고 무언가를 요구하는 집회를 가져야만 한다고 주장했어요. 우리는 파트리스 루뭄바*가 살해되었다는 내용의 유인물을 만들어 캠퍼스 곳곳에 뿌렸어요. 절반 정도의 학생은 그가 누구인지도 몰랐어요. 하지만 우리가 설명해주자 학생 400명 정도가 큰 홀에 모였습니다. 저는 이렇게 연설했어요.

"콩고는 독립운동 지도자를 배출했습니다. 그런데 그가 위협이 된다고 판단한 사람들이 그를 살해했습니다. 그러니 우리는 더 이상 앉아 있을 수 없습니다. 거리로 나가야 합니다."

학생들은 그러자고 화답했어요. 우리는 거리행진을 했어요. 대학을 나가 미국 총영사관으로 행진하면서 외쳤어요.

---

* Patrice Lumumba(1925~1961): 콩고민주공화국의 독립운동가이자 초대 총리. 1960년 독립한 지 2주도 지나지 않아 내전이 발발했고, 루뭄바는 1961년 벨기에와 미국의 묵인 아래 총살되었다.

콩고민주공화국의 초대 총리 파트리스 루뭄바. 루뭄바는 1961년 벨기에와 미국의 묵인 아래 총살되었다.

"누가 루뭄바를 죽였는지 당신들은 아는가? 우리는 대답을 원한다. '루뭄바 만세!'"

“누가 루뭄바를 죽였는지 당신들은 아는가? 우리는 대답을 원한다. ‘루뭄바 만세!’”

경찰은 많이 당황했어요. 군법을 위반한 첫 번째 시위였거든요. 그러고 나서 라호르에 있는 미국 총영사관에서 다시 학교로 돌아왔어요. 학교 근처에 왔을 때 우리가 외친 첫 번째 구호는 “군부 독재에 죽음을, 군부 타도”였어요. 우리에게 아무 일도 없었어요. 이렇게 루뭄바의 암살은 파키스탄에서 대규모 학생운동의 불을 댕긴 사건 중 하나가 되었죠.

언제 파키스탄을 떠나셨나요? 현재 정확히 망명한 상태인 건가요?

전 런던에 살아요. 1963년에 옥스퍼드로 공부하러 갔습니다. 이후 파키스탄 독재자 두 명은 제가 돌아가는 걸 허가하지 않았어요. 망명 상태가 되었죠.

1958년부터 1965년까지는 인생의 전기가 된 시기였겠군요. 뿌리에서 뽑혀나가는 과정을 겪으셨네요.

옥스퍼드에 공부하러 갔을 때 열아홉 살이었어요.

1963년에 케네디가 암살되었을 때, 제 나이가 열여섯 살쯤 되었습니다. 저 역시 그 사건이 전환점이었다고 생각합니다. 케네디가 계속 집권했다면 제가 베트남엔 가지 않았을 거라고 생각하기 때문입니다.

글쎄요, 베트남전쟁이 그 정도로 확대되지는 않았을 것 같아요.

맞아요. 그랬을 겁니다.

이러한 일들은 사람의 인생에 깊은 영향을 줍니다.

같은 맥락에서 루스벨트였다면 히로시마와 나가사키에 폭탄을 투하하지 않았을 거라고 생각해요. 물론 그것은 추측일 뿐이죠. 월리스라면 확실히 그러지 않았을 겁니다.

월리스라면 확실히 원자폭탄을 투하하지 않았을 거예요. 이렇게 벌어진 일들이 사람들의 삶을 뒤바꿔놓죠. 그 사건들은 우리의 삶을, 그리고 수백만 명의 삶을 그렇게 뒤바꿔왔죠.

전 그 장면에서 식민주의자 측 입장에 서 있었군요. 당시 전 뉴욕 시에 있었거든요. 미국이 세계 곳곳에서, 선생의 나라인 파키스탄에서 무슨 짓을 하는지 전혀 몰랐고 아무런 생각이 없었어요. 미국은 여러 나라에 개입했고, 그 결과 사람들의 인생 — 또한 선생의 인생 — 은 많이 달라졌어요. 그런데 어쩌면 그런 격동의 시대와 망명을 겪으면서 선생의 인생은 나아진 건지도 모르겠습니다. 사회운동도 시작하셨고요. 만약 선생이 인도네시아에서 태어나셨다고 해도 같은 문제에 부딪혔을 텐데요. 그랬다면 선생의 인생은 엄청난 곤란을 겪게 되었을지도 모르겠군요.

글쎄요, 제가 인도네시아에서 태어났고, 같은 정치적 시각을 지니고 있었다면, 아마 살아남지 못했겠지요.

미국의 정책으로 인해 모든 세대에 걸친 사람들이 혼란에 빠진 거군요.

미국 국민들을 포함해서요. 다시 베트남전 이야기로 돌아가보죠. 베트남전은 아마도 세대를 막론하고 많은 사람들의 인생에 가장 큰 영향을 준 사건이었을 거예요. 그 전쟁은 사람들을 변화시켰어요. 심지어 그 전쟁을 지지하는 사람들과 그 전쟁에 참가한 사람들까지도요. 영구적인 변화였죠. 그들은 결코 예전과 같을 수 없었어요. 그 전쟁이 그들을 생각하게끔 만들었다는 얘기입니다. 그리고 미국이 다시는 징집병으로 전쟁을 치를 수 없도록 하는 변화를 가져왔어요. 미국이 다시 사람들을 징집하면 전국에 엄청난 파장이 몰아칠 것이기 때문이에요. 그래서 이후 치러진 이라크전의 경우, 주로 지원병과 해외에서 모집한 용병들로 전쟁을 치르게 되었죠.

참 모순적이에요. 문화적인 측면에서 파키스탄에 가장 큰 영향을 준 나라는 대영제국일 거예요. 선생도 영국식 억양을 가지고 있잖아요. 하지만, 막상 현실적으로 선생 조국의 정치 상황을 결정하려고 함으로써 선생의 삶을 어렵게 만든 나라는 미국이었죠.

그건 정말 그래요. 만약 군부 쿠데타가 없었다면, 그래서 첫 총선이 무사히 치러졌다면, 파키스탄에서의 삶은 어땠을까, 상상하기 힘들어요. 또 1971년에 파키스탄이 분리되지 않았다면 어떻게 됐을까요? 이런 질문은 우리에게 영원히 흥미로운 가정으로 남을 겁니다. 이런 가정은 아무리 오래 생각해도 지루하지 않다는 얘기예요. 나이가 들어갈수록, 역사의 이런 순간들이 내 삶과 다른 이들의 삶을 얼마나 변화시켰는지에 대해 더 많이 생각하게 됩니다.

어렸을 때 이런 문제를 생각하는 사람은 없죠.

그래요. 어렸을 때 이런 문제를 생각하는 사람은 없어요. 그 시절에는 무슨 일이든 직접 뛰어들 준비가 되어 있잖아요. 제가 북베트남에 있었을 때, 매일같이 폭탄이 떨어지던 게 기억나요. 한번은 제가 베트남인에게 정말 기분이 엉망이라고 말했어요. 그때 전 20대였어요.
"당신들을 도울 만한 일이 없을까요? 대공부대에서 할 일은 없을까요?"
그러자 베트남군 장군이었던 팜반동이 저를 옆으로 데려가더니 이렇게 말하더군요.
"자네 이야기에 진심으로 감동했어. 하지만 이 전쟁은 외국에서 사람들이 찾아와 전투를 벌이고 목숨을 잃곤 하던 스페인 내전이 아니야. 우리와 세계에서 가장 기술이 발달한 나라 사이의 전쟁이야. 외국인들이 와서 우리와 함께 싸우는 걸 허용하면, 그네들의 목숨을 지켜주기 위해 엄청나게 노력해야 할 거야. 그러면 이 전쟁에 집중하기가 힘들어질 테지. 그러니 우리에게 그런 요청을 하지 말아줘."

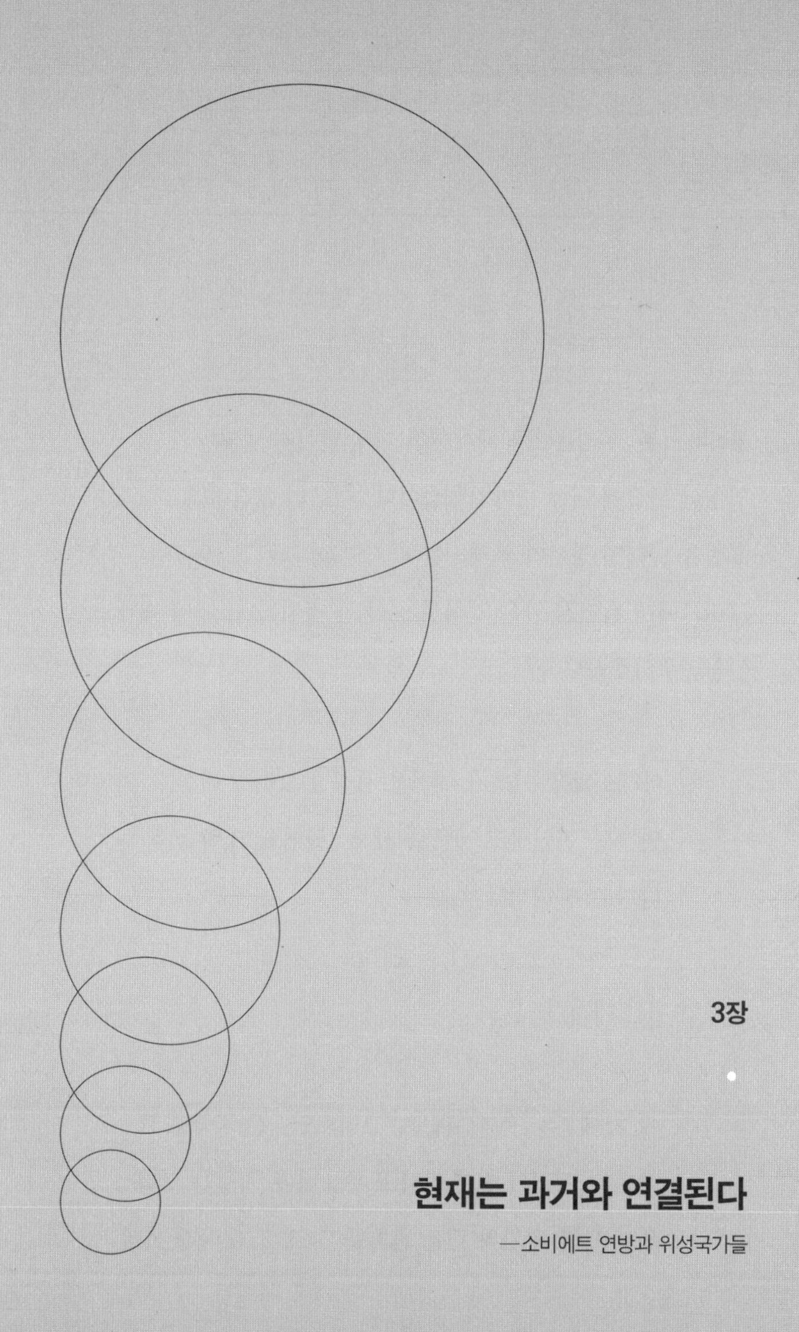

3장

현재는 과거와 연결된다

—소비에트 연방과 위성국가들

올리버 스톤 우리는 2차 세계대전 이후 벌어진 몇몇 엄청난 사건에 대해 이야기했습니다. 서구의 공격적인 표현을 빌리면 정부가 교체되는 시기였죠. 그리고 1947년 그리스에서 벌어진 일은 잊혀서는 안 될 것입니다. 그에 대해 말씀해주시겠습니까?

타리크 알리 그리스 내전은 사실상 그리스 내 모든 가족이 연루된, 잔인하고 지독한 전쟁이었어요. 가족들마저 나뉘고, 분열되었지요.

스페인 내전 때처럼요?

네, 스페인 내전 때처럼요. 그리스인들은 지금도 그 전쟁을 '처칠의 전쟁'이라고 부릅니다. 처칠은 그리스 우익 세력, 왕가와 깊은 관계를 맺고, 그 나라가 전쟁

이후 어떤 식으로든 변화하지 않기를 바랐던 사람이에요.
러시아는 얄타회담에서 그리스를 서구의 영향권하에
두기로 합의했어요. 스탈린은 협상을 추진할 때는 일말의
망설임이 없는 사람이었어요. 그래서 그리스인들에게
돌발 행동을 삼가달라고 말했죠.
하지만 그리스의 독립운동가 모임—이들은
공산주의자였어요, 하지만 스탈린보다는 티토와
유고슬라비아인들에게 더욱 동조하고 있었죠—은
투쟁을 계속하겠다고 했어요. 전설적인 지도자 아리스
벨루키오티스가 이끄는 모임이었습니다. 그래서 전쟁은
계속됐어요. 소련은 더 이상 개입할 수 없었어요.
하지만 처칠은 개입하고야 말았죠. 공산주의자들을
무너뜨릴 때까지 정말로 포악스러운 전쟁을 적극적으로
수행했어요.
그 전쟁은 오늘날까지도 반향을 일으키고 있습니다.
최근 저는 그리스 살로니카 주변, 펠리온이라 불리는
지역에 갔습니다. 한 마을을 지나 걷고 있는데, 그리스
친구 한 명이 그 마을에서 내전 기간 동안 대규모 학살이
있었다고 하더군요. 그러면서 그곳이 당시 사망한
공산주의자들을 묻은 묘지라고 했어요. 아시다시피
이런 사건은 사라지지 않습니다. 그 자리에 남아 있죠.

그리스 내전 당시의 모습.

그리스 내전은 사실상 그리스 내 모든 가족이 연루된, 잔인하고 지독한 전쟁이었어요. 처칠과 미국은 공산주의자들을 무너뜨릴 때까지 정말로 포악스러운 전쟁을 적극적으로 수행했어요.

사람들이 기억하니까요.

그리고 또 다른 사건이 발생합니다. 그 전쟁과 전혀 관계가 없는 것처럼 보이지만, 모든 사건은 반복해서 일어나기 마련이에요. 학생 시위자들에게 발포 명령을 내린 경찰관이 있었어요. 그의 아버지는 내전 기간 중 우익 세력을 위해 싸웠던 사람이었습니다. 역사는 결코 사라지지 않아요. 그래서 저는 젊은이들에게 강연할 기회가 있을 때마다 역사는 곧 현재라고 말해주곤 해요. 모르실 수도 있겠지만, 벌어지는 거의 모든 일은 과거의 일과 관련이 있습니다. 그렇지 않다면 현재를 이해할 수 없게 됩니다.

그리스에서 처칠은 노골적으로 영국의 군사적 장악력을 미국에 넘겨주지 않았나요? 그렇게 마무리되었다고 말씀하셨죠?

정확히 그렇습니다. 하지만 사실관계를 엄밀히 따지면, 처칠의 노동당 후계자인 클레멘트 애틀리가 양도했습니다. 애틀리는 노동당으로부터 이 문제에 대해 좌파의 압박을 받고 있었기 때문에, 아기와 더러운 목욕물* 을 함께 트루먼에게 넘겨주고선 안도할 수 있었습니다. 이와 똑같은 사례가 사우디아라비아에서도, 그 밖의 세계 곳곳에서도 나타났습니다. 쇠퇴하는 제국이 이제껏 해오던 역할을 미국에 넘겨주게 된 거죠. 미국은 그리스 내전에 직접 개입하게 되었고, 이를 승리로 받아들였습니다. 또한 내전에서도 승리했습니다. 1967년 그리스에서 쿠데타를 주도한 장교의 대부분은 내전 당시 서구의 편에서 싸웠고, 이후 든든한 협력관계를 맺어왔습니다. 그들은 군사독재를 실시했죠.

우리는 2차 세계대전 당시 서구의 대응은 어떠했는지, 이후 미국이 어떻게 영국을 대신해 제국으로 확장되었는지에 대해서 이야기를 해왔습니다. 이제 그 시기의 소비에트 연방에 대해 대화를 해볼까요? 소비에트 연방의 공격성이 서구를 도발했던 걸까요?

스탈린과 그의 후계자 등 소비에트 연방의 지도자들은 그 나라 국민들에겐 가혹했어요. 하지만 서구에는 대체로

---

* 서양 속담에 "목욕물과 같이 아기를 버리다"라는 표현이 있다. 쓸데없는 걸 버리는 데 집중하다 중요한 것까지 잃게 된다는 의미로 쓰인다. 여기서 '아기'는 그리스를, '목욕물'은 그리스를 고집함으로써 발생하는 여러 문제를 의미한다고 볼 수 있다.

신중하게 처신하며 자극하지 않으려 했습니다. 전쟁 기간 동안, 그리고 전후에 협상한 합의사항은 지켰고요. 처칠, 스탈린, 루스벨트는 얄타에서 회담을 갖고 동유럽 국가 중 문서에 명시된 나라는 소비에트 연방의 영향권에 속한다는 데 합의했어요. 당최 이런 문서에 왜 서명을 해야 했던 건지에 대해서 논의해볼 필요는 있겠지만, 어쨌든 그렇게 되었습니다. 당시 러시아는 이렇게 말했습니다.

"동유럽은 우리 것이다, 독일의 공격은 폴란드를 통해, 체코슬로바키아를 통해 이뤄졌다, 그러므로 우리는 이제부터 이들 국가를 통제할 것이다."

이에 대한 동의가 이뤄졌던 겁니다. 여기서 그치지 않고 그들은 정말로 바보 같고 근시안적인 짓을 저질렀어요. 미국은 엄청난 전략적 실수를 했고, 러시아도 마찬가지였습니다. 체코슬로바키아, 폴란드, 루마니아, 불가리아 같은 나라에 소비에트 체제를 강요한 것은 불필요할 뿐만 아니라 부당한 짓이었어요. 사실 체코슬로바키아에선 1946년에 선거가 치러졌고, 체코 공산당이 스스로의 힘으로 대규모 정치 세력으로 부상했거든요. 사회민주주의당도 조금 더 단단한 기반을 다지고 있었고요. 그랬으니 사회민주주의자와 공산주의자들이 꾸린 연정체제에서도 소비에트의 영향력을 유지하는 건 완벽하게 가능한 일이었을 거예요. 저는 체코의 사회민주주의자들이 충분히 동의했을 거라고 생각해요. 하지만 이런 체제는 스탈린식이 아니었던 거죠. 대신 중앙집행위원회, 정치국, 서기장으로 구성된 단일당 체제를 강요했어요. 그 모델은 다른 동유럽 국가에도 도입되었죠. 사회민주주의당이 굳건히 자리 잡고 있던 동독에도요. 내버려두었으면 사회민주주의당은 유지되었겠지만, 강제 합당이 실시되었어요. 얼마 지나지 않아 이들 나라 사람들은 "이런 형태의 정치 체제는 모조리 마음에 들지 않는다, 그러니 곧 저항에 직면하게 될 것이다"라며 목소리를 높였습니다. 첫 번째 저항은 동베를린에서 일어났어요. 스탈린 사망 직후 동베를린에서 노동자들의 봉기가 있었는데 소비에트 탱크에 짓밟히게 됩니다. 1956년에는 헝가리에서도 봉기가 일어났는데, 이 역시 소비에트 탱크에 짓밟히죠. 1953년 동베를린의 저항은 노동자들의 봉기라고 불립니다. 이 체제와 이 체제가 만들어진 방식이 싫다고 외친 게 주로 노동자 계층이었기 때문이에요. 이들은 "우리는 권력을 갖길 원한다, 하지만 권력은 우리에게 없다"고 외쳤습니다. 동베를린 노동자들의 봉기가 진압된

후, 베르톨트 브레히트는 10행으로 된 시의 형태로 훌륭한 편지를 적어 동독 공산당 중앙위원회로 보냈어요. 시의 제목은 〈해결책〉이에요. 그는 이렇게 썼습니다.
"동지들에게, 내 눈에는 국민이 문제인 것으로 보인다."

> 그렇다면 차라리 정부가
> 국민을 해산하고
> 새로운 국민을 찾는 편이
> 더 쉽지 않을까?

브레히트가 던진 그 질문은 많은 상황에 적용할 수 있어요. 냉전 시대의 양 진영은 자신들이 좋아하는 형태의 정부를 강요했고, 좋아하지 않는 형태의 정부는 축출해버렸어요.
그렇게 동베를린 봉기가 진압되었어요. 그러고 나서 1956년 헝가리 봉기가 진압되었죠. 그 뒤 1968년 8월 소비에트 연방이 체코슬로바키아를 침공하게 됩니다. 당시 체코인들은 '인간의 얼굴을 한 사회주의'라고 부르던 실험을 하고 있었어요. 체코 텔레비전에서는 엄청난 토론이 펼쳐졌지요. 이렇게 자유분방한 텔레비전 방송국은 처음이었어요. 서구의 많은 방송국보다도 훨씬 더 자유로웠죠. 한 특별기획 프로그램에서 체코 정치범들이 교도관과 자신들을 체포하라고 지시한 관료에게 맞서는 걸 본 적이 있는데, 결코 잊을 수 없을 거예요. 그랬던 이유가 뭘까요? 이런 프로그램이 대중의 의식에 미친 영향은 그야말로 어마어마했어요. 체코 신문에선 끝없는 토론이 이어졌죠.

"사회주의는 음침한 단일당 체제여야 하는가? 우리에겐 사회주의적 민주주의가 필요하지 않은가? 그 체제하에서 사람들은 자신이 원하는 대로, 느끼는 대로 발언할 수 있을 것이다."

이러한 논쟁은 지하 출판물을 통해 체코슬로바키아에서 소비에트 연방 본토로 전해지기 시작했어요.

우크라이나의 인쇄 노동자들이 사회주의와 민주주의에 대한 체코인들의 성명서를 출판했을 때, 러시아인들은 큰 충격을 받았어요. 그들은 이런 질병은 막아야 한다고 외쳤지요. 암과 같다고 여기고, 이 문제를 해결하지 않으면 자신들의 목을 졸라맬 거라고 생각했어요. 그래서 개입하게 되었죠.

저는 소비에트의 1968년 8월 프라하 침공으로 소비에트 연방에 조종이 울렸다고 생각해요. 많은 사람들이 희망을 접었어요. 소비에트의 위대한 소설가 알렉산드르

1968년 프라하의 봄.

저는 소비에트의 1968년 8월 프라하 침공으로 소비에트 연방에 조종이 울렸다고 생각해요. 그들이 했던 짓은 곧 이 체제가 붕괴될 거라는 사실을 의미했습니다.

솔제니친은 우익 민족주의자로 평가받던 사람인데, 누군가 그에게 소비에트 체제가 개혁될 거란 희망을 버린 게 언제냐고 물어본 적이 있어요. 그 질문에 솔제니친은 레오니트 브레즈네프[*]와 중앙위원회가 체코슬로바키아를 침공하기로 결정한 1968년 8월 21일이라고 대답했어요. 제 생각에도 그게 끝이었어요. 그가 옳았던 거죠. 솔제니친에게도 끝이었지만, 그 체제도 모두 다 끝이었어요. 당시 소비에트의 관료들은 이 사실을 깨닫지 못했어요. 멀리 내다볼 줄 몰랐거든요. 하지만 그들이 했던 짓은 곧 이 체제가 붕괴될 거라는 사실을 의미했습니다.

그리고 스탈린을 두려움에 떨게 만든 또 다른 일은 유고슬라비아에 그의 지시를 따르려 하지 않는 독립심 강한 공산주의 지도자가 등장한 사실이었어요. 티토는 스탈린을 두렵게 했는데, 그가 제시한 모델이 그만큼 매력적이었기 때문이었어요. 발칸반도가 아닌 곳에서도 적용할 수 있었죠. 그리스의 공산주의자들은 유고슬라비아식 모델에 매료되었어요. 동유럽의 많은

---

* Leonid Brezhnev(1906~1982): 소비에트 연방의 정치가. 1964~1982년 사이에 소비에트 연방 공산당의 서기장이었다.

공산주의자들도 그랬지요. 그들은 "티토는 독립심이 강한데, 우리라고 그러지 못할 이유가 무엇인가?" "우리가 소비에트의 지휘를 받아야 하는 이유가 무엇인가?"라고 생각했어요. 그 결과 공산당과 공산주의 운동 진영에서 불만에 대한 응징이 시작되었지요. 1948년과 49년 헝가리, 폴란드, 체코슬로바키아에서 본보기용 재판이 열렸는데, 단지 서구 제국주의의 간첩이라는 죄목으로 기소된 게 아니었어요. 그들에겐 '티토식 수정주의의 간첩'이라는 꼬리표도 붙었지요. 그들은 통제력을 잃고 싶어하지 않았어요. 매우 근시안적인 판단이었죠.

18~19세기에 러시아 제국이 있었던 것으로 알고 있습니다. 또한 그들이 폴란드를 비롯한 여러 국가와 전쟁을 벌인 것도 알고 있습니다. 그런데 소비에트 제국은 대체 언제 그렇게 성장했던 겁니까?

제정 러시아는 내적 제국internal empire이었어요. 미국이 초기에 그랬듯이, 국경 주변의 여러 나라를 자국으로 편입시켰어요. 이 나라들은 러시아에 상당 부분 동화되었지만, 그렇다고 완전히 동화된 것도 아니었습니다. 1990년대 초에 이르러서야 이 나라들은 러시아에서 벗어나기 시작했지요. 대체적으로 그것이 서구가 원했던 방향이기 때문이었죠. 그런데 동유럽 국가들은 전통적인 의미에서 제국에 포섭되었던 건 아니에요. 소비에트 제국은 경제적인 면이라기보다는 정치적인 면에서, 사회정치적인 면에서 제국이었기 때문이에요. 바로 이 부분이 서구의 제국들과 구별되는 점이죠.

소비에트 연방이 그 위성국가들에게서 자원을 강제로 확보할 수 있었던 것 아닌가요? 그게 아니라면 그저 소비에트 연방에 우호적인 무역 정책일 뿐이었다는 말씀인가요?

무역 정책이었어요. 소비에트 연방에 매우 유리한 정책이었죠. 소비에트의 생산물을 구입할 수밖에 없었고, 소비에트 연방과의 상호 의존도가 매우 높은 방식으로 경제가 돌아가고 있었기 때문에 그런 정책을 펴게 된 거예요. 때로 소비에트 연방은 돌려줘야 할 것보다 더 많은 걸 지원해주기도 했어요.

쿠바의 경우처럼요?

쿠바는 전형적인 예입니다. 그리고 심지어 동독에도 그랬지요. 하지만 소비에트 연방은 전쟁이 끝나자마자 곧바로 동독 내 많은 공장의 설비를 철거해버렸어요. 그래서 동독이 복구되는 데 시간이 오래 걸렸던 겁니다. 반면 미국은 서독에서 소련과 정반대로 행동했어요. 서독을 미국 제품의 소비시장으로 만들기 위해 재건에 힘썼던 거죠. 그리고 성공을 거둡니다. 러시아인들은 그렇게 하지 않았습니다.

이런 주장이 있습니다. 미국 제국의 영향권 안에 있는 나라들은 결국 번영했다는 것이죠. 일본 같은 나라가 그랬고요, 라틴아메리카의 국가와 아프리카의 최상위 국가도 어느 정도 발전했습니다. 유럽은 말할 것도 없고요. 반면 소비에트 제국은 한때 부강한 나라였던 헝가리, 체코슬로바키아, 폴란드를 가난하게 만들었다고 합니다. 이에 대해 어떻게 생각하시나요?

글쎄요, 그 주장에 논박하자면 동유럽 국가는, 체코슬로바키아를 제외하면, 대체로 경제적으로 낙후되어 있었습니다. 폴란드는 거의 개발되지 않은 상태의 농업국이었어요. 동독은 물론 구 독일에 속해

있긴 했지만, 연합국의 폭격으로 드레스덴이 파괴된 상태였죠. 드레스덴은 동독 지역 도시였어요. 소비에트 연방엔 이 나라들을 재건할 자금이 없었어요. 자신들 앞가림하기에도 바빴죠. 2차 세계대전 기간 동안 러시아에 발생한 피해가 유럽의 다른 어떤 나라보다 컸다는 사실을 기억해야 합니다. 산업이 파괴되고, 무너졌어요. 미국은 사람들을 잃었지만 미국의 도시는 폭격도 공격도 당하지 않았습니다.

2차 세계대전 이후 미국이 수행한 일은 제국 역사에서 유례를 찾을 수 없습니다. 그들은 옛 적국을 복구하고, 경제적으로 빠르게 성장할 수 있게 해주었어요. 이제껏 그런 나라는 없었고, 앞으로도 어떤 강국도 다시는 하지 못할 일 같아요. 미국이 그렇게 한 이유는 공산주의를 위협으로 받아들였기 때문이에요. 미국은 이들 나라가 공산주의에 흔들리는 걸 두려워했거든요. 그래서 이들 나라가 망하도록 내버려두지 않았던 거예요. 이 나라들은 재건되어야 했어요.

러시아는 위성국가에 조악하지만 효율적인 사회 기반 구조를 제공했어요. 무상 교육, 무상 의료, 주택 보조금 제도가 실시되었어요. 공공사업을 중시하는 사회주의 체제였죠. 자유를 가지진 못했지만요. 하지만 이들 국가의 국민이라면, 그런 사회 기반 구조를 누릴 수 있었어요. 요즘 가끔 이들 국가를 여행하곤 하는데, 제게 다가와서 그 시절이 그립다고 말하는 사람들이 부지기수예요. 이제 그런 사회 기반 구조는 없어졌거든요. 이제 이들 국가도 나름대로의 방식을 만들어가고 있어요. 미국도 나름의 방식을 만들어가고 있죠. 가난한 사람들의 생활 조건은 개선할 필요가 없다고 보고, 부유한 엘리트층만 양산하고 있잖아요.

중산층은요?

일부 국가에는 두터운 중산층이 있었습니다. 라틴아메리카의 모든 나라에서 중산층을 성장시킨 건 아니지만, 브라질 등 일부 국가에서는 그랬어요. 동유럽에 있는 소비에트의 위성국가에서도 중산층의 성장을 볼 수 있었어요. 하지만 속박과 제약이 있었죠.

프랑스는 전후 심한 가난을 겪은 게 확실합니다. 이젠 회복되었지만요.

그런데 제가 말하려는 요점은 이거예요. 모든 나라가 마셜 계획 덕분에 회복되었죠. 마셜 계획의 목표는 서유럽 국가와 일본의 자본주의를 재건하는 데 있었어요. 이유가 뭡니까? 자신들과 다른 사회 체제를 가진 공산주의자들과 목숨을 건 전투를 벌이고 있었기 때문이에요. 자신들의 사회 체제, 정치 체제가 우월하다는 것을 보여줘야만 했어요.

1950~70년대 미국과 대부분의 유럽 국가의 미디어를 오늘날의 미디어와 비교해보면 그때가 방송국과 언론에서 훨씬 더 다양한 주제의 토론과 논쟁을 많이 벌였던 것을 알 수 있는데, 그게 바로 그것 때문이에요. 지금은 마음대로 검열할 수도 있고, 맘에 들지 않는 목소리는 주변화할 수도 있죠. 하지만 그땐 심하게 그럴 수 없었어요. 얼마나 다른지 경쟁국에 보여줘야 했거든요. 그리고 효과도 있었고요. 많은 동독 출신 친구들이 서독 텔레비전을 시청했다면서, 그 프로그램에서 저 같은 사람들을 봤다고 말한 적이 있어요. 자신들은 정부에 반대하는 발언을 할 수 없었기 때문에, 충격을 받았다고 하더라고요.

동베를린과 서베를린의 분할을 둘러싼 갈등에 대해 말씀해주시겠습니까?

1948년 소비에트 연방은 서베를린을 봉쇄하기로 결정했어요. 자신들이 전혀 주눅 들지 않았다는 걸 서구에 보여주려고 했던 거죠. 서유럽 대부분의 국가에서는 정부에 있던 친소비에트 인사들을 모조리 해고했어요. 특별히 프랑스에서는 심했죠. 냉전 시대가 시작되었던 거예요. 소비에트 연방은 "서베를린을 차지하려는 시도를 하지 못할 이유가 뭐야, 베를린을 우리 독일의 수도로 만들자"고 생각했어요. 그렇게 해서 자신들을 만만히 볼 수 없다는 것을, 자신들에게 함부로 할 수 없다는 것을 서구에 보여주려고 했던 거예요. 그렇게 봉쇄 조치는 취해집니다.

그들이 그런 의도가 실현되었다고 진심으로 판단했는지 여부는 쉽게 알 수 없지만—분명히 어느 문서기록실에 기록이 남아 있을 거예요—그 봉쇄는 해제되고 말죠. 봉쇄하고 싶어했던 또 다른 이유는, 분리되어 있는 나라 한가운데에 서구의 군대가 주둔하고 있는 게 모순이었기 때문이에요. 그 점을 고려한 전략적 요소도 있었던 거죠. 하지만 분명히 그들은 잘못 판단했던 거예요. 많은 지지를 받지 못했죠.

제 아버지는 경제 전문가였어요. 사실 아이젠하워 시절

베를린 장벽.

장벽을 세운 점은 비난해야겠죠. 장벽을 설치함으로써 사람들을 그 안에 머물게 하고, 사람들의 마음을 변화시킬 수 있다고 판단한 건 어리석은 짓이었다고 생각해요. 전혀 그렇게 되지 않거든요.

경제 부처의 관료였고, 베를린에서 근무하셨지요. 아버지는 언젠가 제게 소련인들이 미국의 화폐를 찍어내는 인쇄판을 훔치려 했다고 말씀하신 적이 있어요. 베를린에 다량의 위조화폐가 돌아다녔던 건 명백한 사실이었어요. 다양한 화폐가 존재했어요. 소비에트 연방은 시민들을 제대로 통제할 수 없었어요. 그저 그런 야시장으로는 시민들을 만족시킬 수 없었거든요.

> 확실히 옳은 말씀입니다. 소비에트 연방은 경제적으로는 서구와 경쟁할 수 없었어요. 미국 경제와 경쟁할 수 없었죠. 미국 경제는 2차 세계대전부터 훨씬 더 튼튼해졌거든요. 그래서 그들은 자신들 집 대문 바로 앞에 서구의 상품 진열장이 있는 이 모순된 상황을 끝내야겠다고 생각했던 거예요.

베를린 장벽을 세운 소비에트 연방을 비난할 생각이 없다고 말씀하시려는 건 아니죠?

> 글쎄요, 장벽을 세운 점은 비난해야겠죠. 장벽을 설치함으로써 사람들을 그 안에 머물게 하고, 사람들의 마음을 변화시킬 수 있다고 판단한 건 어리석은

짓이었다고 생각해요. 전혀 그렇게 되지 않거든요. 그런 사례는 얼마든지 찾을 수 있어요. 자신을 옥죄고 통제하는 권력에 맞서 무슨 일이든 도모해야겠다고 굳게 결심한 사람은 그 방법을 찾기 마련입니다.

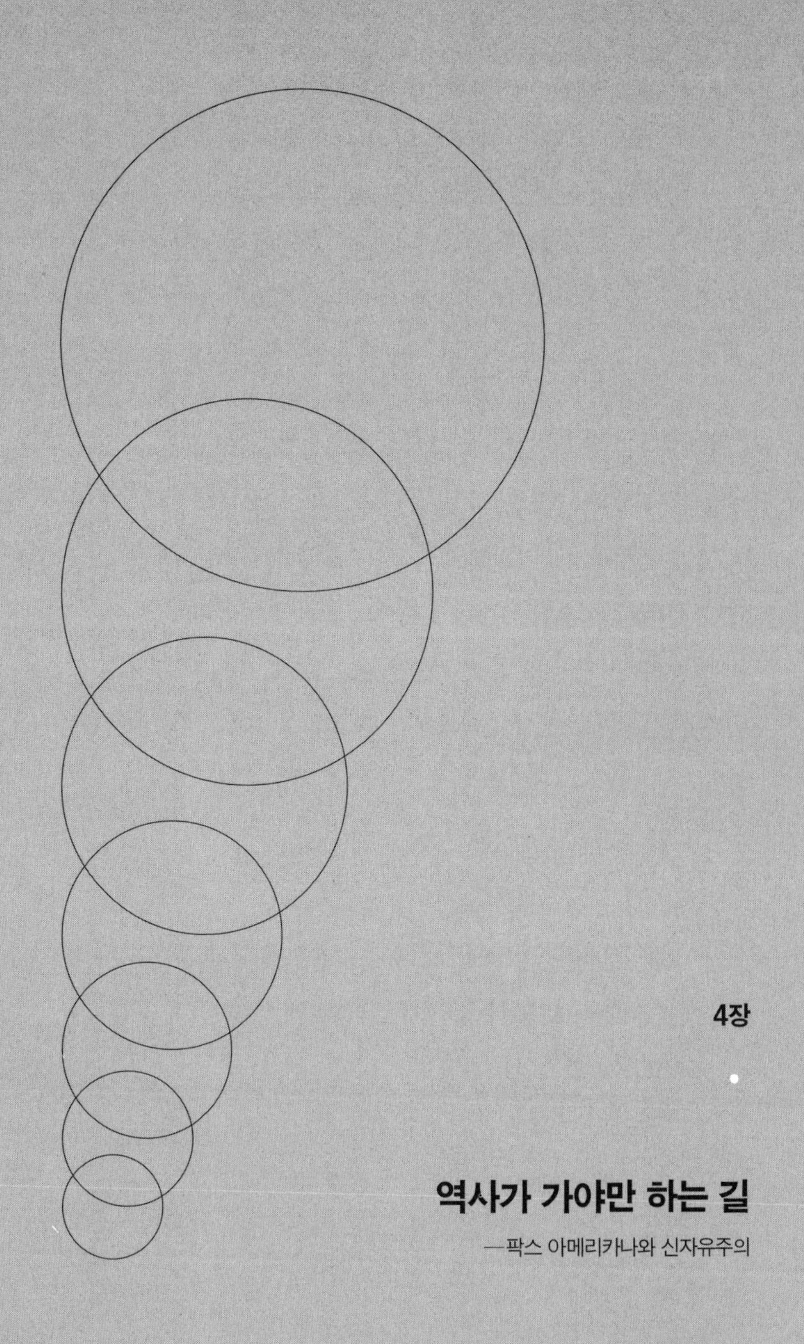

4장

역사가 가야만 하는 길

—팍스 아메리카나와 신자유주의

올리버 스톤 보수주의자들은 냉전을 종식시킨 장본인이 레이건이었다고 추켜세우고 있습니다. 그에 대해서는 소비에트 체제는 이미 경제적으로 피폐해진 상태였고, 어떤 면에서 아프가니스탄 전쟁은 소비에트 연방의 여러 내부 문제를 이미 노출하고 있었다는 반론을 제기할 수 있을 듯합니다. 이라크 전쟁이 미국의 여러 문제를 노출했듯이 말이죠. 전 미국이 걸어온 길과 소비에트 연방이 걸어온 길 사이에 몇 가지 비슷한 점이 있다고 생각합니다.

타리크 알리 소비에트 체제와 그에 부속되어 있던 모든 체제가 무너졌을 때, 그로 인해 서구는 수년간 승리감에 도취해 있었어요.

"우리가 이겼다, 우리가 너희를 쓰러뜨렸다, 우리가 너희를 능가한다, 이제 우리 세상이다."

세계 어느 곳에서도 이 설명에 토를 달지 못했어요. 제 생각엔 당시 미국 지도자들 사이에 자만심이 생겼던 것 같아요. 그들은 이제 자신들이 원하는 건 뭐든지 할 수 있고, 자신들이 원하는 대로 해도 그 어떤 제지를 받지 않을 거라고 생각했어요.
"우리에게 도전할 나라는 없다. 이 체제는 결코 무너지지 않는다."
제국주의 강국이라면 어느 나라든 가지게 되는 위험한 사고방식이죠—그 어느 것도 자신들에게 영향을 미칠 수 없다고 믿는 것 말이에요. 그런데 세상 일이 그렇지가 않잖아요. 첫 번째 도전은 흥미롭게도 남미, 즉 신자유주의를 실험했던 대륙에서 다가왔어요. 결국 시카고 보이스*는 신자유주의를 영국에서 먼저 시도하지 않았어요. 그들은 피노체트 정권하의 칠레에서, 그다음에는 아르헨티나에서 시도했죠. 그로 인해 여러 남미 국가—볼리비아, 에콰도르, 베네수엘라—에서 사회운동이 시작되었습니다. 자신들이 좋아하는 것들, 예를 들어 수돗물 무상 공급, 교통비 보조 등을

---

* Chicago boys: 칠레의 경제학자 그룹을 가리킨다. 대부분 밀턴 프리드먼(Milton Friedman) 시카고 대학 교수 밑에서 경제학을 공부한 뒤, 칠레로 돌아가 프리드먼 교수의 통화주의에 기초한 자유주의 경제 정책을 적용했다.

탐욕스런 다국적기업 벡텔을 풍자한 그림.

볼리비아의 수도 사업이 민영화된 뒤, 정부에선 가난한 사람들이 지붕에 대야를 놓아 빗물을 모으는 것까지 규제하는 법안을 통과시켰어요. 수도 사업의 독점을 방해한다는 이유였죠. 그래서 봉기가, 폭동이 벌어졌어요.

폐지하려고 하는 데 저항한 운동이었어요. 이러한 것들은 세계적 기준에서 보면 사소해 보이겠지만, 많은 이들의 일상에 매우 중요한 것이었죠. 그래서 이러한 사회운동은 호응을 이끌어냈습니다. 베네수엘라에서는 IMF의 지시에 항의하던 시민 3,000명이 거리에서 군부에 의해 살해되었죠.

차베스 이전 이야기인가요?

차베스 이전입니다. 그 결과로 차베스 정권이 탄생한 것이죠. 차베스가 하늘에서 떨어진 건 아닙니다. 차베스는 군 출신이었어요. 베네수엘라 군대는 자국민들을 학살했죠. 차베스와 전체 하급 장교 무리가 모여 군이 창설된 이유는 이런 게 아니라고 입을 모았습니다. 군의 유일한 목적은 외부 침략에서 국가를 보호하는 데 있는데, 자신들은 자국민을 살해해왔다고 했어요. 그렇게 베네수엘라 군 조직 안에 반대 세력이 형성되었습니다. 이와 관련해 남미의 다른 곳에서도 유사한 상황이 전개되었어요. 볼리비아에선 신자유주의 정부가 코차밤바*의 수도 사업 운영권을 미국 회사인 벡텔Bechtel의 자회사에 넘겼습니다. 수도 사업이 민영화된 뒤, 정부에선 가난한 사람들이 지붕에 대야를 놓아 빗물을 모으는 것까지 규제하는 법안을 통과시키는 짓까지 저질렀어요. 수도 사업의 독점을 방해한다는 이유였죠. 그래서 봉기가, 폭동이 벌어졌어요. 군이 개입해서 총을 발사하여 한 어린아이가 숨지고 여러 사람이 다쳤죠. 이에 더 많은 사람들이 거리로 나왔고, 승리를 거두기 시작했어요. 남미에서 거둔 이러한 승리들은 구질서가 더 이상 유지될 수 없다는 걸, 상황이 변해가고 있다는 걸 보여주는 첫 번째 중요한 징후였어요.

워싱턴 컨센서스**, 곧 IMF · 세계은행 · WTO가 지배하던 공산주의 이후의 세계는 더 이상 남미에서 같은 방식을 고집할 수 없었어요. 흥미롭게도 이러한 사회운동으로 인해 여러 정치 지도자가 나타났고, 그들은 민주적으로 진행된 선거에서 승리를 거뒀습니다. 남미 정치는 게릴라전 단계에서 이제는 민중의 민주주의 참여 단계로 커다란 변화를 이뤄낸 것입니다. 이에 모든 이들이 고무되었죠. 저도 그랬고요. 정치인들이 민중에게 공약을

---

* Cochabamba: 볼리비아 중서부 고원에 있는 도시. 상업과 교통의 요충지이며, 농산물 집산지이기도 하다.

** Washington Consensus: 미국식 시장 경제체제의 대외 확산 전략을 뜻하는 말이다. 무역과 투자의 자유화, 민영화와 정부 개입 축소 등을 골자로 한다.

제시하고, 당선되고, 이제 그 공약을 실천하기 위해 노력하고 있습니다. 제가 볼 때 부시 행정부는 이에 대해 완전히 잘못 판단했습니다. 그들은 군사 쿠데타를 계획하거나, 그 나라에서 가장 수구적인 성향의 인물들을 후원하는 등 이러한 발전을 모두 망치려고 했거든요.

아들 부시 말씀이신가요?

네. 맞습니다. 그 모든 짓의 배후에는 체니 부통령과 수구적 성향이 짙은 국무부 장관 콘돌리자 라이스가 있었고요.

보스니아 내전에 개입한 클린턴은 어떻습니까?

많은 이들이 인도적 조치로 봤지만, 미국이 보스니아 내전에 개입한 건 미국의 힘과 영향력을 키우려는 직접적 시도였음이 밝혀졌어요. 현재 미군의 상설 미사일 기지가 투즐라에 있고, 사상 최대 규모의 헬리콥터 기지가 코소보에 있지 않습니까. 그러니 냉전 종식 후 미국의 힘을 확대하려는 시도였던 게 분명하지요. 그런데 남미에서 국가 단위의 진정한 저항이 시작되었습니다. 그 이후에도 그곳에선 저항이 계속되고 있고, 이런 반박이 제기되고 있어요.

"이제 신자유주의 체제는 붕괴되고, 거품이 걷어지고 있습니다. 이는 이제 전 세계가 대안을 기다리고 있다는 걸 의미합니다."

저는 이 특별한 세계 경제위기가, 전혀 해소되고 있지 않는 만큼, 사람들의 생각을 다시 바꿔놓을 가능성이 크다고 생각합니다. 어떤 방향으로, 얼마만큼 바꿔놓을지는 지켜봐야겠죠. 여기서 문득 남미의 경험이 중요해지고 있습니다. 이 지역의 지도자들은 언론의 공격을 받아왔잖아요. 볼리바르 진영 지도자들은 제정신이 아닌 거친 사람들로 취급받았지만, 이제 와서는 정말 멀쩡한 사람으로 비치고 있습니다. 그래서 워싱턴의 새 행정부는 그들을 선거에 당선되어 자국 국민을 대표하는 정치인으로 대할 수밖에 없었습니다. 이런 사례가 다른 대륙에도 퍼져 나간다면, 우리는 다시 흥미로운 시대를 맞이할 수 있을 것입니다.

그리고 모든 곳에서 납세자들의 돈은 부자들을 구제하는 데 사용되어왔습니다. 신자유주의의 이념이란 국가는 쓸모없고, 시장이 모든 역할을 다 한다는 게 전부입니다. 시장이 가장 우월하다는 거죠. 그런데 시장이 무너졌습니다. 국가 앞에 무릎을 꿇고 애걸하고 있습니다. "도와주세요, 제발." 납세자들의 돈이 서방 세계의 모든 은행을 살리는 데 투입되었습니다. 하지만 그 충격은 고스란히 대중의 의식에 남아 있을 겁니다. 어떤 결과를 낳을지 지켜보게 될 거예요.

자, 우리는 남미에서 벌어진, 엄청나게 중요한 사건의 전개를 살펴보았습니다. 한편, 세계 경제의 중심은 동쪽으로 이동해왔습니다. 중국은 세계의 새로운 공장이 되었지요. 전 세계에 걸쳐 사람들이 구입할 수 있는 저렴한 제품은 모두 중국에서 생산됩니다. 이렇게 경제가 대규모로 이동하고 있는데, 정치가 영향을 받지 않을 수 없겠지요. 그래서 전 지구적인 규모에서 미국에 도전할 새로운 제국주의 강국이 동양에서 나타날 것인지에 대한 궁금증이 21세기 들어 꾸준히 제기되고 있습니다. 이런 일이 벌어질까요? 그것을 막기 위해 미국은 무슨 일을 벌일까요? 이런 것들은 지나간 두 세기 동안 무슨 일이 벌어졌는지 역사를 살펴봐야만 이해할 수 있는 질문들입니다. 그 무엇도 역사에서 벗어날 수는 없으니까요.

저는 세계가 1차 세계대전을 되풀이할 것 같지는 않다고 생각해요. 그건 멸망을 의미하기 때문이죠. 한편 100년

전에는 물어볼 수 없었지만 지금은 물어봐야만 하는 중요한 질문이 가장 단순한 형태로 제기되고 있습니다. 그것은 현재 세계의 모든 가족이 1950년대와 60년대 미국 중산층 가족 수준으로 풍요롭게 살 수 있을 만큼 충분히 많은 자원이 남아 있느냐 하는 질문입니다. 제 생각에 그 대답은 부정적입니다. 세계에는 그 정도의 자원이 남아 있지 않거든요. 이러한 상황에서 이렇게 무분별하고 끝이 없는 경쟁을 벌이는 것이 무슨 의미가 있습니까? 전 세계 사람들을 위해 다른 삶의 방식을 찾는 게 더 나은 것 아닙니까?

선생께서는 국제 문제에 대해 이야기하시지만, 그런 문제들을 다룰 목적으로 설립되었다고 하는 UN 같은 국제기구는 별로 신뢰하지 않는 듯합니다. 제가 제대로 본 건가요?

예. 그건 사실입니다. 저는 국제기구를 지지하지 않습니다. 지역 안에서도 얼마든지 많은 일이 이뤄질 수 있다고 생각하거든요. 다시 남미 얘기로 돌아가보지요. 지역 내 협력이 성과를 거둔 한 가지 예가 있습니다. 저는 남미에서 벌어지고 있는 일을 두고 혁명이라고 보는 부류는 아닙니다. 차베스 등 일부 지도자는 혁명이라고 부르고 있지만요.

남미에서 벌어지는 일은 본질적으로 선출된 정치인이 가난한 사람들에게 혜택을 주는, 의미 있는 사회민주주의적 개혁의 추진입니다. 이 개혁은 그 자체로 매우 중요합니다. 그렇다고 거기에 새로운 색깔을 덧씌울 필요는 없어요. 그들이 해오던 일이니까요. 사실 쿠바인들은 지난 50년에 걸쳐 지구상 다른 어느 나라보다 인구당 의료인 수가 많은 사회 인프라를 구축해왔습니다. 이 의사들을 인적 자본으로 라틴아메리카와 아프리카에 제공하고 그 대가로 다른 것들을 받는 과정은 정말 놀라운 일이었어요. 베네수엘라에서 중산층 전문인들이 파업하고 병원이 문을 닫아 위기에 처했을 때, 우고 차베스는 친구인 피델 카스트로에게 전화를 했습니다. 불과 며칠 뒤, 1만 6,000에서 2만 명 정도의 쿠바인 의사가 저렴한 의약품을 싣고 비행기에 올랐어요. 그러고는 베네수엘라의 가장 가난한 지역에 진료실을 차렸습니다. 그 일은 많은 이들에게 영향을 주었어요. 반대자들까지 포함해서요.

그렇다고 제가 모든 지역에서 세상이 이렇게 변화해갈 거라고 말씀드리려는 건 아닙니다. 하지만 각 나라가 지역 안에서 협력해나가는 건 중요한 일입니다. 중국, 일본,

그리고 한반도가 유럽연합 같은 종류의 연합을 왜 못 만들겠어요? 왜입니까? 미국이 그렇게 내버려두지 않기 때문이에요.

왜 그렇습니까?

미국은 자신들이 세계에서 차지하고 있는 패권에 극동 지역이 가장 큰 위협이 된다고 보고 있어요. 2차 세계대전 이래로 일본이 독자적인 외교 정책을 추진하는 건, 독일의 경우와는 달리, 허용하지 않았어요. 일본은 거의 미국의 의도대로 움직였죠. 사실 이것은 위험한 일입니다. 또다시 위험한 형태의 민족주의를 초래할 수 있거든요. 그것은 일본에도 다른 국가에도 좋지 않은 일입니다. 중국, 일본, 한국이 함께 일을 도모할 수 있도록 격려하는 게 더 나을 거예요. 그 틀 안에서 북한 문제도 다룰 수 있을 것입니다.

그 세 나라 사이에 심한 반감이 있는 건 아시죠?

물론입니다. 하지만 유럽에서도 독일과 영국 사이에, 독일과 프랑스 사이에 반감이 심하잖아요. 그릇된 역사에도 불구하고 이 나라들이 서로 협력하는 걸 멈출 수 있는 건 세상에 존재하지 않습니다.

글쎄요, 일본이 중국과 한국에서 야만적으로 굴었던 건 명백해 보입니다. 그래서 중국에서는 일본이 이에 대해 사과하지 않는 걸 받아들이기 힘든 거고요.

글쎄요, 그 말씀도 맞습니다만, 사과에는 비용이 많이 들지 않는다고 생각합니다. 독일은 이스라엘에 끝없이 배상금을 지불하여 자신들이 저지른 짓을 갚아가고 있거든요.

독일은 사죄를 해왔습니다.

그랬습니다.

하지만 일본은 그러지 않았죠.

맞습니다. 미국은 핵무기를 사용한 데 대해 일본에 사과를 했나요?

하지 않았죠, 베트남한테도요.

그렇죠, 베트남한테도 사과하지 않았습니다. 물론 제가 제안한 게 쉬운 해결책은 아닙니다. 그 과정에 수많은 장애물이 있을 겁니다. 하지만 가야만 하는 방향입니다. 저는 지금 세계에서 위기를 타개하고 긍정적인 변화를 이끌어내려면 지역 내 협력을 강화할 필요가 있다고 생각합니다.

선생께서는 신앙 국가confessional state로서 이스라엘과 파키스탄을 언급한 적이 있습니다. 파키스탄은 인도에서 분리되었습니다. 이스라엘은 팔레스타인에서 분리되었고요. 독일, 한국, 베트남 또한 분단을 겪은 국가입니다. 하지만 한국, 독일, 베트남을 신앙 국가라고 할 수는 없겠지요. 결국 분단된 국가 중에, 신앙 국가가 더 위험하다는 건데요. 선생께서 말씀하시려는 게 그 얘기인지요?

파키스탄의 경우 1971년에 분리되었습니다. 그때 동파키스탄이 독립하여 오늘날의 방글라데시가 되었지요. 그 결과 국가로서 효율성이 떨어지게 되었고, 국가 이념에도 심각한 손상을 입었습니다. 반대로 이스라엘은 천천히 점점 더 많은 영토를 확보해가면서, 점점 더 국경을 넓혀갔습니다.

하지만 두 나라 모두 지배층은 자신들이 최선이라고 생각하는 방향으로만 일을 추진하는 완고하고 단호한 사람들이었습니다. 국민의 지지를 받고 있는지 여부는 상관하지 않았죠. 그래도 이스라엘은 국민의 지지를 받았습니다. 파키스탄은 그러지 못했고요. 하지만 두 나라 모두 이번 세기가 끝나갈 때쯤엔 국민의 지지를 받는 게 가능해질 거라고 생각해요. 파키스탄은 그 국가구조를 유지한 채 더 큰 연합의 일부가 될 겁니다—인도, 방글라데시, 스리랑카, 네팔과 함께하는 남아시아연합은 정말 그럴듯합니다. 그리고 이스라엘인들도 어느 단계에서는 계속 이 상태로 내버려둘 수는 없다는 걸 깨닫게 될 거예요. 팔레스타인인들도 제대로 된 독립국가를 만드는 건 불가능하다는 걸 깨닫게 될 거고요. 그러면 팔레스타인과 이스라엘이 단일 국가를 형성하는 쪽으로 해결하려는 움직임이 생길 거예요. 그 나라에서 유대인도, 이슬람교인도, 기독교인도, 그 밖의 소수인들도 함께 지낼 수 있을 겁니다. 저는 그것 외에 다른 해결책이 있다고 생각지 않습니다.

선생께서는 《뉴욕타임스》 칼럼리스트인 토머스 프리드먼을 인용하여 제국을 운영하는 데 필요한 것은 맥도날드가 아니라

맥도넬더글러스*라고 말씀하신 적이 있는데요.

네.

프리드먼이 말하고자 하는 바가 무엇입니까?

본질적으로 미국의 군사력이 이 세계를 결정한다는 걸 말하고 있습니다. 미국의 군사력이 전 세계에 맥도날드가 유지되는 데 기여한다는 거죠. 아시다시피 현재 전 세계 60~70개국에 미군의 기지나 시설이 주둔하고 있습니다. 미국에게 큰 부담을 주고 있죠. 아프가니스탄에서든 이라크에서든 이러한 군사력 확장이 미국에 특별히 도움이 되지도 않습니다. 미국이 힘을 보여주면 분노와 적개심을 불러일으키게 되잖아요. 이뿐만 아니라 세계를 불안정하게 만드는 결과를 낳기도 합니다. 예를 들어 러시아는 이렇게 주장하게 되겠지요.
"미국이 코소보에 군사 개입하면, 우리도 조지아**에

* McDonnell Douglas: 제트 전투기, 민항기, 우주선 등을 생산하던 미국의 회사. 2차 세계대전을 거치며 주요 방위산업체로 성장하여 제트 전투기, 미사일 등을 제조했다. 1997년 보잉사와 합병했다.

군사 개입할 수 있다. 미국은 우리 보고 이래라 저래라 할 자격이 없다."

인도는 이렇게 주장하겠지요.

"미국은 어떤 나라의 테러리스트의 공격을 받자, 그 나라를 점령했다. 미국은 어떻게 그와 같은 행동을 하지 말라고 우리에게 말할 수 있는가?"

그래서 미국의 이런 방식은 자신들의 목표라고 주장하는 '평화롭고 안전한 세계'를 만드는 데 도움이 되지 않습니다.

미국의 주장은 이른바 팍스 아메리카나***로군요? 하나의 초강대국이 있고, 그 나라가 자애로운 나라라는?

네.

그렇지 않잖아요.

** Georgia: 캅카스 지역에 있는 공화국. 1991년 소련에서 독립했다. 예전에는 '그루지야'로 통용하고 있었지만, 2010년에 영어식 국명인 '조지아'를 사용해달라는 조지아 정부의 요청에 따라 '조지아'라고 부르고 있다.

*** Pax Americana: 팍스는 평화라는 의미의 라틴어로, 미국의 주도하에 주변 국가가 평화를 유지한다는 뜻으로 쓰이는 말이다.

그렇지 않죠. 심지어 팍스 로마나 시대를 열었던 로마 제국도 지배력을 그렇게 오래 유지하지 못하고 무너지기 시작했어요. 미국은 그 자체로도 이미 많은 인구와 엄청난 자원을 지닌 아주아주 큰 나라입니다. 미국이 세계에 보여줄 수 있는 가장 좋은 모범 사례는 자국 관리를 잘하는 것이겠죠. 예를 들어 미국에는 공공 의료서비스가 없지 않습니까. 교육 체계도 문제가 많고요. 허리케인 카트리나 때문에 뉴올리언스가 물에 잠기고 수많은 사람들이 보호받지 못한 채 방치되었을 때, 뉴욕과 서부 지역에 사는 제 미국인 친구들 중 상당수는 상황이 그렇게까지 나빴는지 몰랐다고 하더군요.

전 이런 것들이 걱정됩니다. 안 그렇습니까?

지난 선거 기간에 엄청나게 많은 수의 청년들이 오바마 선거 유세장에 모인 걸 보고 세계의 많은 사람들이 흥분했던 게 기억납니다. 사람들이 유럽에서는 일어날 수 없는 일이라고 하더군요. 요즘 유럽에서는 18~26세의 청년 대부분이 투표하지 않는 경향을 보이거든요.

우리는 지금 경제 시스템 때문에, 그리고 어떤 대안도 허용하지 않는 이 시스템의 방식 때문에, 민주주의 자체가 절차로서의 기능을 상실하는 과정을 목도하고 있는 것입니다. 사람들은 선택할 수 있는 폭이 좁다고들

합니다. 유럽에서는 중도좌파와 중도우파 중에서, 인도에서는 의회당Congress Party과 국민당BJP 사이에서, 그리고 다른 나라에서는 X당과 Y당 사이에서 선택해야 하는데, 이래서야 투표에 무슨 의미가 있겠습니까? 이와 정반대의 사례가 있습니다. 다시 라틴아메리카 얘기예요. 그 지역 사람들은 선택을, 다른 선택을 할 수 있습니다. 신념에 따라 투표에 참여할 수 있어요. 일부 사람들은 옛날 방식을 고수하고 싶어하고, 또 다른 사람들은 새로운 방식을 원합니다. 이러한 흐름 중에서 어느 쪽이 우세해질까요. 전 그 대답이 경제 문제가 앞으로 어떻게 전개되느냐에 달려 있다고 생각합니다.

잠시 경제에 대해 이야기해보죠. 먼저, 맑스주의라는 게 무엇입니까?

맑스주의는 본질적으로 역사를 이해하는 하나의 방식입니다. 저는 맑스가 이론적으로 기여한 것 중 가장 중요한 게 고대에서 현재까지의 모든 역사는 본질적으로, 전적으로 그런 건 아니지만, 대립하는 계급 간 투쟁의 역사라고 본 견해였다고 생각해요. 그 가정은, 오늘날에는 상대적으로 단순해 보이기는 하지만, 우리가

맑스는 체제 자체가 체제의 무덤을 파게 될 사람들을 낳을 것이라고 했습니다. 체제가 사람들을 무너뜨리게 될 것이고, 그러면 그들이 봉기하여 체제를 전복하게 될 거라는 거죠.

세계를 바라보는 방식과 역사를 배우는 방법에 변화를 가져왔습니다.

두 번째로 맑스는 자본주의가 작동하는 방식을 설명했습니다. 이윤에 대한 욕구는 자본의 지배적인 욕구인데, 이것이 모든 것을 결정합니다. 그리고 믿을 수 없을 정도로 놀라운 선견지명을 보이는 몇 단락이 있어요. 그 단락에서 맑스는 가상자본, 허구자본에 대해 말하고 있어요. 자본주의 체제는 실제 소유하지 않은 돈을 사용하고, 내부적으로 균열을 일으키게 될 것이라는 거죠. 그러면서 체제가 존속하는 한 자본주의의 역사에 이런 순환은 계속 반복될 것이라고 지적하고 있습니다.

맑스는 자본주의 체제의 대안이 어떤 모양새를 띨지 구체적으로 설명한 적이 없습니다. 이 부분은 그의 역할이 아니었어요. 이를 설명하는 건 혁명을 수행할 다른 사람들의 몫일 겁니다. 하지만 맑스는 체제 자체가 체제의 무덤을 파게 될 사람들을 낳을 것이라고 했습니다. 체제가 사람들을 무너뜨리게 될 것이고, 그러면 그들이 봉기하여 체제를 전복하게 될 거라는 거죠.

그런데 맑스가 볼 때 사회주의에 가장 적합한 나라는 생산력과 기술이 가장 발전한 나라였습니다. 그 생각에 따르면 미국은 한 체제에서 다른 체제로 빠르게 전환하는

데 최적화된 나라라고 할 수 있습니다. 미국에게 필요한 건 계획된 체제이기 때문이지요. 하지만 대부분의 혁명은 후진국에서 일어났습니다—제정 러시아, 중국, 쿠바 역시 많은 면에서 상당히 후진적이었어요.

선생께서는 사회주의를 실험할 기회가 단 한 번밖에 없었는데 실패했다고 말했습니다. 하지만 자본주의에는 많은 기회가 있었죠.

그것은 사실입니다. 자본주의는 수도 없이 실패했기 때문에 그렇게 말했습니다. 이런 제 견해에 동의할 사람이 얼마나 될지는 잘 모르겠지만, 어쨌든 1825년 이래 자본주의는 호황에서 불황으로, 다시 호황, 불황, 침체로 수십 차례 순환을 거듭해왔습니다. 사람들이 굵직한 경우만 기억해서 그렇지, 사소한 경우도 있었어요. 그런데 이 체제는 항상 되살아날 수 있는 여지를 가지고 있었고, 실제로 되살아났어요. 오늘날 사람들이 알고 있는 대로 말이죠.

이에 반해 사회주의, 공산주의는 시도해볼 기회가 단 한 번밖에 없었어요. 75년간 지속된 뒤 무너졌는데, 모두가 이젠 끝났다고 말하고 있습니다. 글쎄요, 제 생각에도 그런 특정한 방식의 공산주의와 특정한 시도는 끝이 난 것 같습니다. 그렇다고 해서 사람들이 현재 체제보다 더 나은 체제를 생각해보지 않을 이유는 전혀 없습니다. 소비에트 체제에서 최악이었던 부분은 피해가야겠죠.

아이러니하게도 이제 미국은 금융산업을 상당 부분 국유화한 나라가 되었습니다.

그것은 사실입니다만 그 지분을 어떻게 활용하고 있나요? 국가 자본주의를 위해서요? 아니면 공공사업 자본주의public utility capitalism를 형성하기 위해서 쓰고 있나요? 이는 이윤을 좇는 대신 국민이 필요로 하는 걸 제공하는 공공사업에 많은 정부 예산을 투입할 경우 충분히 가능합니다. 이런 것이 시행되어야 한다고 생각해요. 합리적인 자본주의 국가라면 지금 당장 시작해야 하죠. 은행, 주택자금 대출 회사, 투자 신탁 회사에 일하는 사람들에게는 "당신들은 실패했어"라고 이야기해주고 싶어요. 우리는 그들에게 어마어마한 기회를 주면서, 그 뒤를 받쳐주었습니다. 정부도 개입했고요. 정부는 그들이 무슨 짓을 해도 봐주면서까지 많은 돈을 벌 수 있는 토대를 제공해주었어요. 그럼에도 그들은 우리의 상황을 매우 좋지 않게 만들었죠. 그러니 앞으로 50년간은 그들이 하는 대로 내버려둬서는 안 돼요. 대신 공공사업을 시작하고 발전시켜야 합니다. 사람들이 통제하고, 운영하고, 그 비용을 지불하는 공공사업을요. 이제껏 그들이 해온 어떤 일보다 국민에게 훨씬 더 유익한 일이 될 거예요. 사람들에겐 권리로 보장받아야 할 것이 몇 가지 있습니다. 이를테면 건강, 교육, 몇 가지 형태로 저렴하게 공급되는 주택 같은 것들이죠. 유럽 사회민주주의는 이를 제공하도록 노력할 것을 약속해왔습니다. 그리고 대체로 제공하고 있죠.

작은 규모의 나라들이죠.

작은 규모의 나라들입니다.

소비에트 연방, 미국, 중국 같은 나라에서 시행하는 건 더 어렵지 않을까 생각해보곤 했습니다.

맞는 말씀입니다. 하지만 중국에서 혁명이 일어나지 않았다면, 그리고 높은 수준의 대졸자·과학자·기술자를 양성하지 못했다면, 중국이 이렇게 비약적으로 발전할 수는 없었을 거라고 얘기하는 게 공평할 것 같습니다. 그리고 저는 이것이 경제적으로 중국이 인도에 앞서 있는 이유를 설명해준다고 생각합니다. 매우 가난한 가정 출신의 사람들을 고급 인력으로 성장시키는 문화가 오늘날 중국이 이뤄낸 변화의 근간을 이룬다고 할 수 있어요.

선생께서는 본인이 지성으로 인해 비관론자가 되고, 의지로 인해 낙관론자가 된다고 말씀하신 적이 있죠?

그렇습니다. 이제 자동차가 자본주의의 큰 상징이던 시대, 앞으로 나아가는 게 국가의 유일한 길이라고 믿던 시대는 몰락해가고 있습니다. 기름값이 올라서이기도 하지만, 미국산 자동차에 대한 수요 자체가 줄어들고 있기 때문이죠. 합리적인 미국 정부가 열차를 다시 만들고, 철로를 다시 까는 걸 포함해서 효율적인 대중교통 체계를 발전시키지 못하는 이유가 무엇입니까? 여러 유럽 국가에서 이미 시작된 일입니다.

또는 탄소 배출에 따른 세금을 부과할 수도 있겠지요?

네. 탄소세를 부과할 수도 있죠. 어렵지 않은 정치적 결정입니다. 의지의 문제이고요. 그런데 그 대신 우리는 로마 제국 말기에 존재했던 것과 똑같은 마비 현상을 목도하고 있어요. 그땐 사람들에게 어떠한 부담도 부과할 수 없었죠. 옥타비오 파스가 말한 대로 그들에겐 스펙터클이 제공되어야 했어요. 지금 우리도 텔레비전 스펙터클을 보고 있죠. 리얼리티 텔레비전의 스펙터클을요. 그 안에서 모두가 유명인사가 될 수 있다고 부추김을 받고 있죠.

그렇습니다.

제 말은 이런 현상이 벌어지는 방식이 매우 놀랍다는 얘기입니다.

이런 현상이 파키스탄에도 벌써 영향을 미치나요?

파키스탄은 아닙니다. 하지만 파키스탄 전체가 어쨌든 리얼리티 텔레비전 쇼 같다는 생각이 종종 듭니다.

하지만 인도에는 영향을 미쳤지요.

인도에는 대규모로 퍼져 있습니다. 인도 매체에 재앙 같은 결과를 가져왔죠. 세계에서 인도 신문이 가장 훌륭하던 때가 있었습니다. 하지만 지금 인도 신문은 시시하고 쓸데없는 내용으로 가득 차 있습니다. 지금은 파키스탄 텔레비전 방송국, 신문사, 잡지사가 인도에 비해 훨씬 더 나아요. 인도만큼 타락하지 않았거든요. 그래서 파키스탄에서는 독립적인 형태의 텔레비전 방송국과 신문사를 통해 토론을 보고 들을 수 있지만, 인도에서는 불가능합니다. 이런 상황 전개가 매우 우려됩니다.

선생께서는 유대인의 운명이, 팔레스타인과 콩고에서 벌어진 사건이 '부르주아 문명bourgeois civilization'의 책임이라고 하셨는데요. 맑스주의 용어 같은데, 맞나요?

맞습니다.

부르주아 문명을 비난하시는 겁니까?

글쎄요, 그걸 어떻게 부르든 간에, 제가 말하려는 건, 600만 유대인의 죽음에 대한 책임은 결국 유럽 자본가 문명에 있다는 것입니다.

그리고 콩고에서 일어난 일도요?

네.

그러면 1차 세계대전은요? 2차 세계대전 때는 사람들이 많이 죽었습니다.

전적으로 그렇습니다.

그것도 부르주아 문명의 결과라고 생각하는 건가요?

다르게 설명할 길이 없다고 생각합니다. 부르주아 문명과 그 문명의 여러 가지 다른 흐름 사이의 경쟁 때문입니다.

그 경쟁은 제가 기숙학교에 다닐 때 경험했습니다. 매우 잔인했고, 결코 해결책이 아닙니다. 우리는 경쟁이 우리를 더 나은 사람으로, 더 강한 사람으로 만들어줄 거라는 얘기를 들었죠. 하지만 동시에……

……경쟁은 매우 파괴적입니다. 그래요, 매우 파괴적이에요. 개인의 정신에 특정한 부정적 효과를

2차 세계대전 중 항공기 포탄을 들고 있는 병사들.

모든 전쟁은 부르주아 문명과 그 문명의 여러 가지 다른 흐름 사이의 경쟁 때문입니다. 경쟁은 매우 파괴적입니다. 개인의 정신에 특정한 부정적 효과를 일으킬 수 있습니다. 더구나 국가가 경쟁에 가담하면, 수백만 명의 희생으로 이어지죠.

일으킬 수 있습니다. 더구나 국가가 경쟁에 가담하면, 수백만 명의 희생으로 이어지죠.

하지만 미국은 이든, 해든, 초트, 세인트폴스, 앤도버, 엑서터, 예일, 하버드 학교를 나온 사람들이 만들어왔습니다. 이들은 선생께서 국가 지식인state intellectual으로 부르는 사람들입니다.

이들이 국가를 경영하는 사람들입니다. 전적으로 옳은 말씀이에요. 대영제국의 경우, 사립학교 체제가 매우 확대되었습니다. 일부 학교는 노골적으로 제국의 관리자를 양성하기 위해 세워지기도 했고요. 이런 현상은 미국에서도 벌어졌습니다. 명문 대학과 아이비리그 대학 출신의 많은 사람들이 해외 대사관에 나가고, 국무부를 운영하는 등 여러 가지 일을 해왔고, 지금도 하고 있습니다. 이 엘리트 교육 체계를 통해 이 체제와 그 관리자들이 계속 재생산되고 있어요. 그래서 여기 질문을 던져봅니다.

"그들은 과거 역사를 반복해 서로 싸우고, 그런 과정을 통해 이 행성을 파괴할 작정인가?"

지금 이 시점에서 중요한 질문입니다.

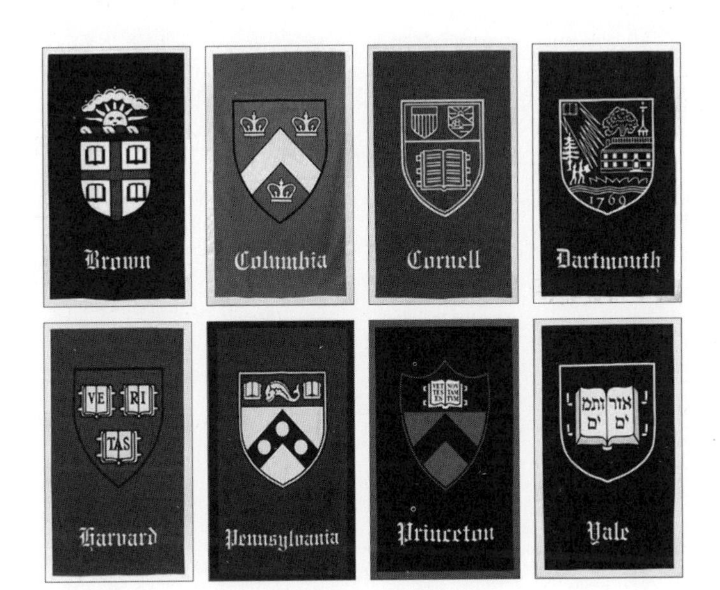

미국 동부에 있는 8개 사립대학을 아이비리그라고 부른다.

엘리트 교육 체계를 통해 이 체제와 그 관리자들이 계속 재생산되고 있어요. 그래서 여기 질문을 던져봅니다. "그들은 과거 역사를 반복해 서로 싸우고, 그런 과정을 통해 이 행성을 파괴할 작정인가?" 지금 이 시점에서 중요한 질문입니다.

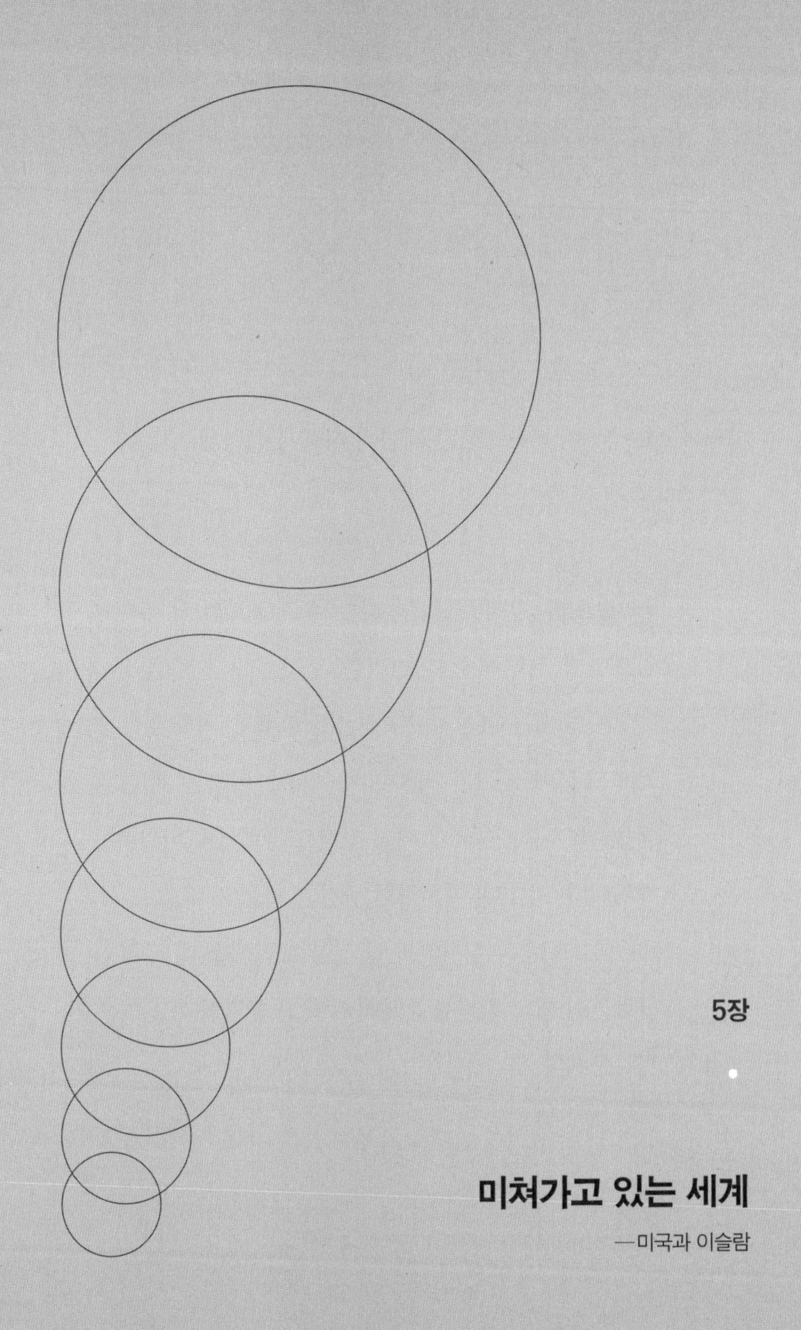

5장

미쳐가고 있는 세계

—미국과 이슬람

올리버 스톤 '역풍 blowback'이란 개념에 대해서 설명해주실 수 있을까요?

타리크 알리 찰머스 존슨이라는 매우 정직하고, 품위 있으면서, 결단력 있고, 진실한 미국인 학자가 있습니다. 1950년대에는 CIA 자문위원으로 일했고, 뼈대 있는 해군 가족 출신이죠. 그가 2000년에 《역풍》* 이라는 제목의 책을 썼습니다. 미국의 외교 정책을 강력하게 비판하는 책입니다. 그 책의 기본적인 주장은 이런 거예요.
"미국이 세계 다른 지역에 한 짓을 고려했을 때, 일부 사람들이 미국에 직접 보복하려 하고 공격하려고 하는 건 시간문제다."
그는 탁월한 글솜씨로 이러한 주장을 전개했습니다.

---

* 《블로우백》(삼인, 2003)이란 제목으로 한국에 출간됐다.

하지만 책이 출판되었을 때, 비평가들은 그 책을 공격하거나 무시했습니다. 찰머스는 그 책에 가해진 혹독한 공격에 충격을 받았어요. 사실 저는 놀라지 않았지만요. 그런데 9·11직후 그때까지 무시받던 그 책은 입소문을 타고 많이 판매되었습니다. 팔리고 팔리고 또 팔렸고, 찰머스는 세계적인 인사가 되었습니다. 모든 곳에 그 책이 번역되어 있죠.

'역풍' 개념은 미국이 아프가니스탄의 지하드 단체를 후원했던 것과 관련이 있잖아요. 지하드 단체는 소비에트 연방과 맞서 싸웠고요.

네. 미국이 위험한 짓을 하고 있다고 많은 사람들이 경고했어요. 하지만 즈비그뉴 브레진스키*가 말했듯이, 소비에트 제국을 무력화하는 데 드는 비용 치고는 적은 수준이라고 생각했죠. 아니, 그가 쓴 정확한 어휘는 훨씬 더 상스러운 것이었어요. 일부 "이슬람교도들을 흥분시킨다"고 해도 소비에트 제국을 무너뜨리는 게

---

* Zbigniew Brzezinski(1928~): 폴란드계 미국인 정치학자. 지미 카터 행정부에서 1977~1981년 사이 백악관 안보보좌관을 맡았다.

테러와의 전쟁이란 본질적으로 미국 외교 정책이 자국의 목적을 달성하기 위한 도구였습니다. 미국은 테러와의 전쟁이라는 미명하에 동맹국들의 도움으로 세계 곳곳에서 원하는 대로 사람들을 감금하고 체포했습니다.

더 낫다고 했죠. 글쎄요, 우리는 그 이야기가 어떻게 끝나는지 알고 있습니다.

'테러와의 전쟁'이었지요.

저는 항상 '테러와의 전쟁'이 이상한 개념이라고 생각했어요. 테러리즘의 역사는 현실이에요. 실제로 존재하죠. 무슨 얘기냐 하면, 세상을 변화시키겠다고 결심한 사람들이 모여 이룬 소규모 집단이 전략상 목표를 타격하는 일은 흔히 있었다는 것입니다. 때로는 수백 명 정도가, 또 어떨 때는 수천 명이 모였죠. 19세기 후반과 20세기 초반의 아나키스트들은 대통령, 주지사, 러시아의 차르 암살을 기도했어요. 가끔 성공을 거두기도 했지만, 대부분은 실패했죠. 파리에선 부르주아들이 모이는 카페에 폭탄을 터뜨리면서 이렇게 외쳤어요. "우리는 부르주아를 살해한다."
이렇게 말도 안 되는 일이 오랫동안 일어났어요. 그런 행동은 아무것도 변화시킬 수 없지만, 직접 행동을 취한 사람들에게 만족감을 주었어요. 그런 행동은 '행위를 통한 선전propaganda of the deed'이라고 불렀습니다. 설령 공격 대상 중 누구도 피해를 입지 않았다고 해도, 그들은 그런 행동을 취함으로써 자신들이 X와 Y를 싫어한다는 사실을 보여준 거예요.
이후 1960년대에 들어서면서 이런 정치적 수단은 기승을 떨치게 됩니다. 미국에서도 웨더 언더그라운드Weather Underground가 결성되었지요. 그들은 정부 청사라든지 은행 등 시설을 겨냥했어요. 때로 사고로 스스로 목숨을 잃기도 했고요. 이 기간 동안 이탈리아, 독일, 일본에도 테러리스트 집단이 생겼습니다. 그다음 미국에도 우익 그룹이 생겼고요. 오클라호마 폭탄 테러는 백인 우월주의 단체인 아리안 네이션Aryan Nation과 함께 사냥을 나갔던 사람이 저지른 짓이죠. 쿠바의 테러리스트들은 쿠바 체제를 불안정하게 만들려고 했어요. 여기에는 미국의 지원이 있었죠. 이스라엘의 건국은 테러리스트 집단과 긴밀한 관계가 있습니다. 특히 킹 데이비드 호텔을 파괴한 이르군Irgun과 연결되어 있죠. 나중에 이집트의 안와르 사와트와 함께 노벨평화상을 받은 메나헴 베긴*이 바로 이르군의 조직원이었습니다. 당시 이스라엘의 전 총리인 골다 메이어는 논평을 해달라는 요청을 받고 이렇게

* Menachem Begin(1913~1992): 이스라엘의 정치가. 1977~1983년 사이에 이스라엘 총리를 지냈다.

말하기도 했어요.

"그들이 노벨상을 받을 자격이 있는지는 모르겠네요. 하지만 연기 부문 오스카상을 받을 만한 건 확실합니다."

세계사는 테러리즘의 사례로 얼룩져 있습니다. 그런데 이번 테러 행위만 다르게 취급하는 이유가 무엇입니까? 테러의 상황이나 규모를 봤을 때 이번 일을 벌인 자들을 다른 테러리스트들과 다르게 생각할 까닭은 없습니다.

9·11직후 쏟아진 많은 책들에서 그 답을 찾을 수 있습니다. 부시 정권의 상원의원들은 이번 공격을 미국의 목적 달성에 활용해야 한다고 말했습니다. 미국의 속내는 이라크 공격이지, 아프가니스탄 공격이 아니라는 건 누구나 다 알고 있어요. 미국은 사담 후세인이 하지도 않은 짓을 빌미로 그를 혼내주고 싶어했죠.

테러와의 전쟁이란 본질적으로 미국 외교 정책이 자국의 목적을 달성하기 위한 도구였습니다. 미국은 테러와의 전쟁이라는 미명하에 동맹국들의 도움으로 세계 곳곳에서 원하는 대로 사람들을 감금하고 체포했습니다.

그런데 지구상의 수많은 나라 중에 왜 하필 이라크였습니까?

두 가지 이유가 있어요. 부시 행정부의 일부 인사는

이라크 문제를 1991년 이후 완결되지 않은 문제라고 봤어요. 걸프전이 종료될 때 사담 후세인을 몰아냈어야 했다고 생각한 거죠. 하지만 당시 아버지 부시 대통령의 보좌진은 그렇게 하지 말라고 조언했어요—우리가 알게 된 대로 합당한 이유*가 있었죠. 아들 부시와 그의 보좌진은 아버지 부시 행정부와 클린턴 행정부가 하지 않았던 일을 완수하길 바랐습니다. 심지어 클린턴이 오랫동안 이라크를 응징해왔는데도 말이죠. 클린턴 정부에서 UN 대사를 맡고 있던 매들린 올브라이트는 이라크 제재의 결과로 어린이 50만 명이 사망한 걸 변호하기도 했죠.

몇 명의 아이들이 숨졌나요?

〈60분60 Minutes〉**을 진행하는 레슬리 스탈이 매들린 올브라이트에게 이번 제재로 50만 명 이상의 아이들이

---

* 조지 H. W. 부시와 백악관 안보보좌관이었던 브렌트 스코크로프트는 1998년 3월 2일자 《타임》지에 기고한 '사담을 제거하지 않은 이유'라는 제목의 글에서, 사담 후세인을 제거하고 이라크를 점령했다면 아랍 사회의 반발을 사 그 지역이 매우 불안정해졌을 거라고 밝힌 바 있다.

** 미국 방송사 CBS의 인기 시사 프로그램.

숨진 게 정당화될 수 있느냐고 질문했어요. 올브라이트는 이렇게 대답했습니다.

“네. 그런 희생을 치를 만한 가치가 있다고 생각해요.”

미국엔 이런 정신 상태를 가진 지도자들이 있습니다. 그런 사람들이 미국을 제외한 나머지 지역에 도덕에 대한 교훈을 가르치겠다고 하고 있죠. 그러니 이들의 주장이 곧이곧대로 들리지 않는 겁니다.

이라크를 선택한 또 다른 이유가 있다고 하셨는데요.

9·11이후 이라크를 목표로 삼은 또 다른 이유는, 이라크가 독립된 군대를 보유한 독립국가로 존재하는 걸 이스라엘에서 마땅치 않게 생각했기 때문이에요. 이라크가 핵무기를 보유한 건 아니었지만, 이스라엘은 이라크 군대가 미래에 언제든지 적이 될 수 있다고 판단했어요. 아랍 세계가 이스라엘에 대해 품고 있는 적개심이 자신들이 팔레스타인과 관련해서 취했어야 했던 조치들을 하지 않은 것과 관련이 있다는 사실은 외면한 채 말이죠. 어쨌든 이스라엘 쪽에서 상당한 압박이 있었습니다. 저는 그 압박이 부시 행정부가 이라크를 공격하는 데 중요한 역할을 했다고 생각해요.

미 국방부는 이미 이라크군이 약해져 있다는 걸 파악하고 있었어요. 이라크에는 제대로 전쟁을 치를 만한 군비가 거의 확보되어 있지 않았거든요. 공군도 무너져 있는 상태였고요. 이라크는 이미 패배한 나라였습니다. 오랜 제재에 이미 패배한 상태였어요. 북부의 '파리 한 마리 없는 지역'이 수년간 계속된 미군의 폭격에 파괴되어 있었죠.

그러니까 미국은 약한 나라를 찾은 거로군요?

미국의 힘을 확실히 보이기 위해 약한 나라를 찾은 거죠. 아시다시피 당시 미국 대변인 몇 명이 오만한 태도로 이렇게 말한 적도 있어요.
"우리는 할 수 있기 때문에 합니다."

선제공격론에 대해서 말씀해주실 수 있을까요?

선제공격론은 UN 헌장에 완전히 위배되는 것입니다. UN 헌장의 취지는 이른바 선제공격에서 국가를 보호하려는 거거든요. 공격을 당할 것이라는 실질적인 증거가 있는 경우에 한해서만 전쟁 수행이 가능합니다. UN 헌장에 이런 내용이 포함된 이유는 선제공격을 가장 옹호했던 사람이 아돌프 히틀러이기 때문이었어요. 히틀러는 다른 나라를 침공할 때마다 단지 우리의 이익이 위협을 받고 있다고 말했죠. 폴란드 때도, 체코슬로바키아 때도, 오스트리아 때도 마찬가지였습니다. 체코슬로바키아를 공격할 때엔 수데텐 지역의 독일인들이 다수를 이루고 있던 체코인들에게 위협을 받고 있다는 이유를 들었죠. 폴란드를 공격할 때는 이렇게 말했어요.

"폴란드가 우리의 안전을 위협하고 있다. 우리는 단치히를 돌려받고 싶다. 폴란드 회랑*을 차지해야 한다."

이 정도로도 충분한 이유가 되었던 거예요. 그래서 이를 방지하기 위해 UN 헌장이 작성되었던 것이지요. 그런데 울포위츠**와 체니는……

그리고 펄***도요……

---

* 폴란드와 발트 해를 잇는 너비 32~112km의 긴 땅. 1차 세계대전 종전 후 베르사유 조약에 따라 폴란드령이 되었다. 그 결과 독일 본토와 동프로이센이 분리되면서 독일인들의 반감을 샀다.

** Paul Wolfowitz(1943~): 미국의 정치인이자 외교관. 부시 행정부 시절 국방부 차관을 지냈다.

*** Richard Perle(1941~): 미국의 정치인. 부시 행정부 시절 국방정책위원회 위원장을 지냈다.

……펄도요. 언론인들은 그들을 지지했고, 부추기기까지 했죠. 제가 언급해온 대로 크리스토퍼 히친스*, 카난 마키야**라든지 하우스 아랍스House Arabs 같은 단체 등이 그랬죠. 그들은 미국이 전쟁을 일으킬 때 "환영받을 것입니다, 사탕, 꽃과 함께 환대받을 거예요, 그럼요, 어서 와서 해방시켜주세요, 우리를 해방시켜주세요, 우리를 해방시켜주세요"라고 충성스럽게 짖도록 훈련받았어요. 이 사람들 모두 시끄럽게 외쳐댔어요. 그래서 부시는 시작했고, 그 결과를 우리가 보고 있습니다.
미국이 이라크를 점령한 이후 50만 명이 넘는 이라크인들이 사망했어요. 일부 사람들은 쉽게 이런 얘기를 하죠.
"그러나 그들 모두를 우리가 죽인 건 아니에요."
하지만 그런 말이 무슨 소용이 있겠어요. 그들 모두를 죽이지 않았을 수도 있겠죠. 하지만 이라크를

---

* Christopher Hitchens(1949~2011): 영국계 미국인 작가, 언론인. 《더 네이션》 등에 글을 기고했으며, 《신은 위대하지 않다》《자비를 팔다》《키신저 재판》 등 많은 책을 썼다. 좌파 지식인으로 유명했던 그는 이슬람 종교 근본주의를 비난하며 이라크 전쟁을 지지해 논란을 불러일으키기도 했다.

** Kanan Makiya(1949~): 이라크 출신의 학자. 2003년 당시 이라크 전쟁을 찬성한 영향력 있는 인물이었다.

점령함으로써 그들이 살해될 상황을 조성한 건 사실이잖아요.

현재 아프가니스탄은요?

지금 아프가니스탄은 완전히 엉망진창이 되었습니다. 모두가 그 사실을 알고 있죠. 오바마 대통령도요. 그의 보좌진도 그 사실을 알고 있습니다.

미국은 아프가니스탄에서 베트남 때와 비슷한 곤경에 처한 겁니까?

상황이 베트남 때처럼 되려면 최소 25만 명의 병력을 투입해야만 가능하다고 생각합니다. 그래야만 그런 곤경에 처하게 될 거예요. 미군 병력 희생자 수가 엄청날 거고요. 많은 사람들을 살해하게 되겠지요. 아프가니스탄을 파괴하게 될 겁니다. 전쟁은 파키스탄으로까지 번졌어요. 상당수의 파키스탄인과 군대가 양측 모두에 개입하고 있습니다. 그로 인한 후환이 있을 겁니다. 아프가니스탄은 엉망진창이 되었어요. 미국이 세운 정부가 완전히 부패한 정부이기 때문입니다.

2010년 보스턴에서 있었던 참전 용사들의 반전 시위.

지금 아프가니스탄은 완전히 엉망진창이 되었습니다. 모두가 그 사실을 알고 있죠. 그러니 상황이 더욱 악화되기 전에 미군과 나토군을 아프가니스탄에서 철수시키는 출구 전략이 필요합니다.

해외에서 들어온 어마어마한 금액의 원조금을 착복하고 있어요. 국민을 위해선 아무것도 하지 않고 있죠. 부정부패 외에도 민간인 희생자가 너무 많이 발생했습니다. 너무 많이 죽었어요. 미국은 베트남에서처럼 공군력에 의지하고 있습니다. 무인항공기가 날아와 마을을 폭격합니다. 무고한 사람들에게 폭격을 가하고 있어요. 그리고 이는 전쟁에서 이길 가능성이 없는 상황을 초래하고 있습니다. 영국은 아프가니스탄에 승전을 거두지 못했어요. 러시아도 그랬고요. 인구 절반을 학살하고 50만 병력으로 아프가니스탄을 영구히 점령하지 않는 한 미국 역시 승전을 거두지 못할 겁니다. 그런 일은 벌어지지 않겠지요. 아프가니스탄은 이 상황을 도저히 견디지 못할 테고, 미국인들도 이 문제를 거론하게 될 거예요. 그런데 오바마가 선거에서 승리를 거둔 걸 활용하여 이 엉망인 상황을 끝내겠다고 말하지 않은 이유가 무엇인지 모르겠습니다. 미스터리예요. 미군은 철수해야 합니다. 오바마에게 자문해주는 사람들 중 일부는 그 누구보다 상황을 잘 알고 있어요. 그러니 상황이 더욱 악화되기 전에 미군과 나토군을 아프가니스탄에서 철수시키는 출구 전략이 필요합니다.

아프가니스탄 내 여성 인권은 어떻습니까?

셰리 블레어와 로라 부시*가 텔레비전에 나와 여성 해방을 위한 전쟁이라며 아프가니스탄 침공을 정당화한 건 부끄러운 짓이었어요. 당시 저는 그 말이 사실이라면, 이는 제국주의 강국이 역사상 최초로 여성을 해방시키기 위해 벌인 전쟁이 될 거라고 지적했습니다. 하지만 그런 전쟁은 미래에도 없을 것이고, 과거에도 없었습니다. 여성이 처한 조건은 변함없이 좋지 않습니다. 아프가니스탄 여성단체의 보고서가 있거든요.

그러면 어떻게 해야 합니까?

바깥에서 도모할 수 있는 일은 없다고 생각해요. 이 상황을 바꾸려면, 내부에서 변화가 일어나야만 합니다. 파키스탄의 친탈레반 세력이 한 가난한 여성을 공개 태형에 처했을 때, 매우 흥미로운 상황이 전개되었습니다. 파키스탄의 텔레비전이 태형 장면을 방송하면서 파키스탄 대도시에서 시위가 벌어졌거든요. 여성단체의

---

* 당시 영국 총리 토니 블레어와 미국 대통령 조지 W. 부시의 부인.

맹비난이 있었고요. 대법원장이 검찰총장을 법원으로 호출해서 법률 위반 행위라고 지적했습니다. "대체 이 문제를 어떻게 처리한 겁니까?" 그러니까 탈레반도 한발 물러서면서 자신들이 아니라고, 자신들이 한 짓이 아니라고 했어요. 요즘 파키스탄인들은 이건 '외부의 가치'가 아니라고 얘기합니다. 사실 파키스탄인들은 누군가에게 태형을 가하는 걸 결코 기꺼워한 적도 없습니다. 공개 태형은 모두 지아 울하크* 군사 독재 기간 동안에 시작된 겁니다. 그전엔 시행된 적이 없습니다. 이젠 여성들에게 그런 짓을 하고 있지만요. 법에 의한 것은 아닙니다.

샤리아 법은요?

이는 샤리아 법을 와하비파식으로 적용하는 겁니다. 많은 시아파 추종자나 압도적으로 다수를 차지하는 수니파 법학자들은 인정하지 않는 거예요. 와하비파 고유의 해석인 거죠. 그런데 지금 이런 해석이 갑작스럽게

* Muhammad Zia-ul-Haq(1924~1988): 파키스탄의 군인 출신 대통령. 1978~1988년에 집권했다.

파키스탄에 나타난 이유가 무엇일까요? 왜 여성들이 고통받아야 할까요? 아시겠지만, 이 끔직한 와하비파의 통제를 받는 여성들이 중세 이슬람 세계의 여성들보다 훨씬 더 많은 고통을 받고 있습니다. 심지어 그들은 이러한 사실에 대해서 전혀 모르고 있어요. 명예살인은 세계의 다른 지역에서도 자행되고 있긴 합니다. 제가 알기로는 이슬람 세계에 한정된 것이 아니에요. 남미에서도 명예살인은 벌어졌죠. 그런데 제가 말하고 싶은 요점은, 긍정적인 가치라고는 없는 세상에서, 돈과 명성 따위에만 집착하는 문화가 만연한 세상에서, 사람들이 약간 미쳐가고 있다는 사실입니다.

선생께서는 그런 걸 새로운 현상이라고 생각하십니까?

새로운 현상은 아니지요. 하지만 1940년대, 1950년대, 1960년대, 1970년대에 사람들은 세상이 점점 더 나아질 수 있다고 생각했습니다. 그런 생각이 무너졌을 때, 이런 모든 퇴행적인 단체나 운동이 주목을 받게 되었습니다.

관타나모만이나 기타 지역에서 벌어진 고문에 대해 말씀해주시겠습니까?

글쎄요, 고문이 다시 받아들여지게 되었다는 사실이 테러 논리로 시작된 전쟁의 결과라 할 수 있습니다. 우리를 공격하려고 하는 상대방에게서 정보를 얻어내기 위해 그들을 고문해야만 하기 때문에 고문이 정당화되는 거예요. 이는 아주 오래된, 낡은 논거죠. 중세 시대 종교재판 시절에도 있던 겁니다. 이것이 현재 우리가 살고 있는 시대입니다. 또한 미국 본토에서 고문할 수 없을 경우엔, 관타나모에서 고문을 행했습니다. 관타나모에서 할 수 없을 땐, 아프가니스탄의 바그람 기지나 수용소에서 고문을 행했지요. 그곳은 러시아인들이 사람들을 고문했던 곳이기도 합니다. 미국과 그 동맹국은 정확히 같은 장소에서 사람들을 고문하고 있습니다. 그곳에서 끔찍한 이야기들이 만들어지고 있어요. 그렇지 않으면 파키스탄이나 이집트, 또는 시리아의 고문 체계를 이용했고요.
그런데 사람들을 보내 한 사람이 진실을 말할 때까지 고문하면서도, 그 말이 실제 진실인지에 대해선 의문을 품지 않았다고 합니다. 칼리드 셰이크 무함마드 이야기인데, 그는 물고문을 당했어요. 몇 번이나 당했는지는 신만이 아실 정도였지요. 그렇게 받아낸 그의 증언이 법정에서 어떤 가치가 있을까요? 이는 기본적으로 이런 사람을 진지하게 심문하여 얻어낼 수 있는 걸 모두 없애버린 것입니다. 아시다시피 9 · 11공격 이후, 부시와 블레어는 이렇게 말했습니다.

“우리는 결코 이자들이 우리 삶의 방식을 바꿀 수 있도록 내버려두지 않겠다.”

하지만 삶의 방식은 변해가고 있습니다.

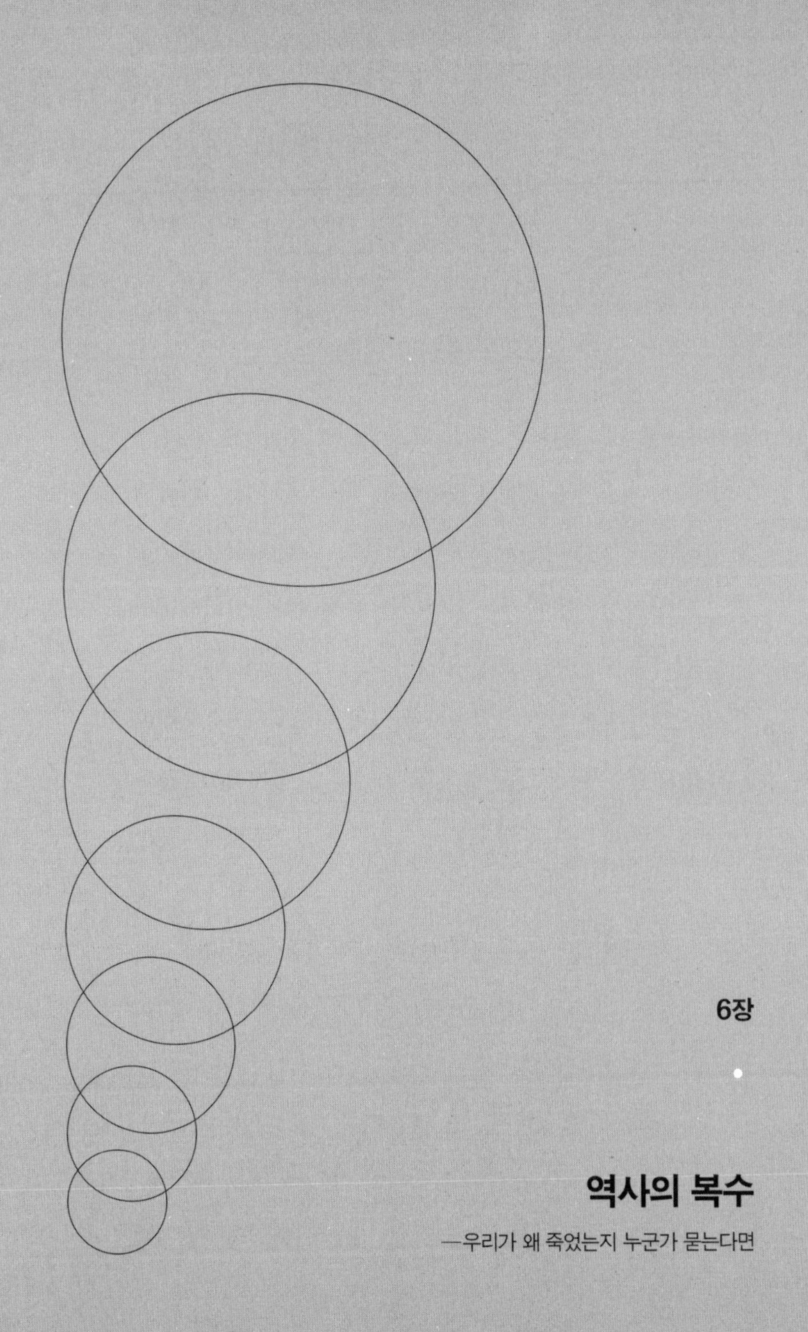

6장

역사의 복수

—우리가 왜 죽었는지 누군가 묻는다면

올리버 스톤 선생께서는 저서 《근본주의의 충돌 The Clash of Fundamentalisms》에서 이렇게 쓰셨어요. "전문가나 정치인이 인정할 필요가 있는 보편적 진실이 있다. 노예와 소작농이 항상 주인에게 복종하지는 않는다는 사실이다. 로마 제국 시절 이래로 역사에 기록된 엄청난 격변이 발생할 때마다, 예정대로 진행된 일련의 사건이 아니라 전혀 예상치 못했던 사태가 결정적 원인이 된 경우가 많았다. 21세기라고 해서 이 사실이 달라질 이유가 무엇인가?"

타리크 알리 그 사실은 달라지지 않을 것입니다. 저는 확신하고 있어요. 우리는 이러한 일들이 어떤 것일지, 또는 어디서 벌어질지 예측할 수 없습니다. 하지만 그런 일들이 벌어져 세상을 놀라게 할 겁니다. 이런 낙관론을 어느 정도는 유지하고 있어야 역사에 무슨 일이 벌어지고 있는지를 감지할 수 있어요. 라틴아메리카에서 벌어지고

베네수엘라 대통령이었던 차베스가 대중 앞에서 연설하고 있는 모습.

세상에 거의 알려져 있지 않던 베네수엘라라는 나라가 갑자기, 제가 명명한 '희망의 축'의 일부가 될 거라고 예상한 사람은 아무도 없었어요. 차베스는 세계 지도에 베네수엘라를 새겼어요.

있는 상황 전개를 예측한 사람은 아무도 없었습니다. 세상에 거의 알려져 있지 않던 베네수엘라라는 나라가 갑자기, 제가 명명한 '희망의 축'의 일부가 될 거라고 예상한 사람은 아무도 없었어요. 차베스는 세계 지도에 베네수엘라를 새겼어요. 아시다시피 차베스가 처음 중동 지역을 방문했을 때, 알자지라는 한 시간 동안 그를 인터뷰했어요. 아랍인 시청자들은 자막을 싫어해서 매우 훌륭한 배우가 그의 말들을 모두 아랍어로 번역해 읽었죠. 어쨌든 차베스는 사람을 빨아들이는 흡입력이 매우 강한 사람이었어요. 알자지라 프로듀서가 제게 말해준 건데, 방송 후에 엄청나게 많은 이메일을 받았다더군요. 이제껏 받은 것을 다 합친 것보다 더 많았대요. 그 메일 중 90퍼센트가 이런저런 말로 다음과 같은 요지의 질문을 했답니다. "아랍에선 언제쯤에나 차베스 같은 인물이 나올까요?"

다음 차베스는 어디에서 나올까요?

글쎄요, 정확히 예측하기는 어려운 질문이네요. 제 생각엔 남아시아나 극동 지역에서 우리를 놀라게 할 무언가가 나올 것 같아요. 우리가 전혀 예상하지 못한 무언가가요.

사람들은 경제 거인으로서 중국에 대해 이야기하지만 중국 체제가 어떤 효과를 낳는지에 대해서는 거의 이야기하지 않습니다. 농민 봉기, 노동계급의 공장 점유, 불온하고 격정적인 지식인 계급, 이러한 일들이 모두 벌어질 수 있습니다.

제국의 국내 경제가 무너지는 상황에서 제시할 만한 카드가 있을까요? 일부 사람들은 미국이 모든 군대, 모든 기지를 운영할 능력이 없다고 말합니다.

글쎄요, 많은 것이 경제 상황에 달려 있다고 생각합니다. 또한 많은 것이 경제가 계속 이처럼 좋지 않을 경우 미국의 대중이 어떻게 대처할 것인지에 달려 있어요. 미국 국민이 들고일어나 이 모든 것에 반대할 경우, 글쎄요, 제국의 종말이 올 수도 있습니다. 계속될 수 없을 거예요.

국민이 군부에 맞서는 건 매우 어려운 일입니다. 역사적으로 늘 그래왔어요.

맞습니다. 하지만 이렇게 말하는 사람에게 표를 던질 수는 있겠죠.

"우리는 너무 오랫동안 해외에서 너무 많은 일을 해왔습니다, 그 비용은 우리에게 과합니다, 그러니 이제 그 힘을 우리 나라의 내부 상황을 바꾸는 데 사용합시다." 현 시점에 어느 정치인이든 이런 공약을 제시한다면, 많은 지지를 받을 수 있을 거라고 생각해요. 오바마에게도 그럴 가능성이 있었지요. 하지만 그가 그런 길을 걷지 않을 것은 분명해 보입니다. 미국에서 이를 요구하는 대규모 대중운동이 벌어지면 그는 받아들일 것 같습니다. 그런 운동은 벌어지지 않고 있죠. 그런 운동이 정말 필요한 것이라고 생각해요.

제가 생각하는 또 다른 카드가 있어요. 머지않아 몇몇 대형 환경 위기가 있을 거라는 사실입니다. 그건 빠른 속도로 모두의 마음을 뒤흔들어놓을 거예요.

의심할 여지가 없죠. 언젠가는 대부분의 사람이 환경 위기를 명백하게 인지하게 될 거예요. 그런데 그다음에 사람들은 어떻게 세상을 인식하게 될까요?

그 시점에 필요한 건……

……기본적으로 함께, 일하고, 계획을 세우고, 계획경제를 갖는 것이 필수적입니다.

지금 당장 계획이 있나요?

있습니다.

사람들이 어떻게 해야 할지 알기 위해 맑스주의 교과서를 꺼내게 될까요? 그 책에 세부적인 내용이 있습니까?

글쎄요, 제 생각에 훌륭한 계획이 제대로 돌아가는 방법을 알려주는 좋은 교과서는 없는 듯합니다. 하지만 이제 우리는 최소한 어떻게 하면 안 된다는 것 정도는 알고 있잖아요. 그리고 그 계획이 사람들을 전체적으로 포괄해야 할 필요가 있다는 것도 알고 있습니다. 그래서 그 계획은 하층민들부터 챙겨야 할 필요가 있어요.

세계에서 가장 잘 계획된 국가는 어디입니까? 스위스인가요?

제 생각에 스칸디나비아 반도의 자그마한 국가 중 하나일 듯합니다. 노르웨이는 매우 잘 계획되어 있습니다. 쿠바도

> 사회 인프라 면에서 잘 계획되어 있지요. 이 나라들은 계획을 세우고 잘 실행해왔고, 또한 어떻게 그럴 수 있는지를 보여주었습니다.

하지만 이 계획은 아마도 모든 사람들을 크게 놀라게 할 것 같습니다. 사람들이 계속해서 "맞아요, 이 일은 벌어져야 해요"라고 말하면서도, 그 일이 내일 벌어질 거라고는 기대하지 않기 때문이지요.

> 그렇습니다. 많은 이들은 현재를 사는 걸 좋아하지요—그리고 현재를 사는 것이 권장되고 있어요. 그렇기 때문에 그들은 미래에 대해 생각하고 싶어하지 않습니다. 그들은 오늘을 위해 삽니다.

선생께서는 역사가 전복적인 것처럼 말씀하시는데요. 과거에는 너무도 많은 지식이 내재되어 있습니다. 그래서 그걸 잊고 새로 시작하는 것이 최선이긴 하지요. 하지만 모든 사람이 알아차리고 있듯이, 역사에 그렇게 할 수는 없는 노릇입니다. 역사는 사라지길 거부하고 있잖아요. 역사는 억압하려고 하면 오히려 끔찍한 방식으로 재현되기 마련입니다.

그렇습니다.

미국 제국은 다른 제국과는 다른 특이한 기원을 가지고 있지요. 그 때문에 역사를 무시하거나 부정하려는 경향이 강해진 걸까요?

미국 제국의 기원에 대해 생각해봤을 때, 처음 떠오르는 건 당연히 이민자들이 원주민들을 섬멸하고 시작했다는 사실입니다. 이는 자신들의 선함과 위대함을 내세우는 종교 근본주의자들의 신념과 관련이 있습니다. 미국에 왔던 근본주의자들, 즉 필그림 파더스*의 사고방식이 기본적으로 와하비파나 오사마 빈라덴과 다르지 않았다는 얘기예요. 사실 프로테스탄트 근본주의와 와하비 근본주의 사이엔 유사한 점이 많습니다. 예를 들어 그들이 여러 정치적 활동을 통해 여성을 어떻게 다뤄왔는지를 보면 알 수 있어요.

---

* pilgrim fathers: 1620년 본국의 박해를 피해 미국 매사추세츠 주 플리머스로 건너간 영국의 급진파 청교도들을 가리킨다.

미국 화가 로버트 월터 와이어가 그린 필그림 파더스.

미국에 왔던 근본주의자들, 즉 필그림 파더스의 사고방식이 기본적으로 와하비파나 오사마 빈라덴과 다르지 않았다는 얘기예요. 사실 프로테스탄트 근본주의와 와하비 근본주의 사이엔 유사한 점이 많습니다.

세일럼 마녀 재판을 형상화한 그림.

일례로 세일럼 마녀 재판*을 들 수 있겠죠?

맞습니다. 아시겠지만, 여성은 악마에게 홀려 있다, 여성들을 악마에게서 떼어놔야 한다, 이런 생각으로 시작된 것입니다. 그다음에 미국은 노예제를 도입했습니다. 미국 안에서 축적된 부는 대부분 노예제를 기반으로 한 것이죠. 그다음엔 폭력적인 방식으로 제국을 확장합니다. 이 점에 대해서는 코맥 매카시가 수준 높은 소설인 《핏빛 자오선Blood Meridian》에서 아주 잘 묘사한 바 있습니다. 그다음엔 내전을 겪습니다. 노예 해방에 대해서 다들 얘기하지만 그건 부분적인 결과일 뿐이고, 본질적으로 남북전쟁은 미국을 무력으로 통일하려는 시도였어요. 그 결과 우리가 알고 있는 근대적인 미국이 탄생하게 됩니다.

그리고 1차 세계대전이 진행되면서 미국은 규모와 영향력 면에서 성장했고, 그 결과 세계를 지배하는 강국이 되었어요. 냉전 후에는 초제국주의 국가로

---

* Salem Witch Trials: 1692년 매사추세츠 주 세일럼 마을에서 벌어진 일련의 재판을 가리킨다. 180명이 넘는 마을 사람들이 마녀로 고발되었고, 이로 인해 25명이 목숨을 잃었다. 인간의 집단적 광기를 상징하는 사건으로 잘 알려져 있다.

자리 매김 했지요. 도전받을 일도 없고, 도전 자체가 불가능할 정도로 군사적으로 매우 강해졌고, 경쟁국은 사라졌어요. 제국에 경쟁국이 없는 일은 인류 역사상 처음 있는 사례였고요. 로마 제국도 때로 경쟁자가 없다고 생각했지만, 페르시아나 중국의 힘에 대해 전혀 아는 바가 없었기 때문이거든요. 로마 제국은 지중해 세계에서 그랬던 거지, 전 세계에서 경쟁국이 없던 건 아니었던 거죠. 그러니 미국의 사례는 처음 있는 일이었습니다. 그리고 그 사실로 인해 이 제국의 지도자는 극도로 현실에 안주하게 되었어요. 그들은 자국 국민들이 당연히 만족할 거라 믿었죠.

하지만 미국 국민의 만족감이 갑자기 사라졌을 때 무슨 일이 벌어질까요? 지금 제국이 직면한 큰 문제는 경제적인 거예요. 국내 경제 상황도 좋지 않고, 군사력 유지도 부담스러운 수준이 되었죠. 이라크 전쟁은 재앙이었어요. 아프가니스탄 전쟁도 재앙이었던 걸로 판명되고 있고요. 먼로 독트린 시대 이후 통상적으로 제국의 '텃밭'으로 알려져 있던 지역조차 통제가 불가능해졌어요. 우고 차베스를 필두로 한 볼리바르 진영의 급진적인 정치인들 때문이었죠. 에보 모랄레스, 라파엘 코레아, 쿠바인들, 그리고 파라과이의 루고 주교가 차베스의 뒤를 받쳤고, 브라질의 룰라, 칠레의 바첼레트, 아르헨티나의 키르치네르가 미약하나마 힘을 보탰어요. 이들이 함께 미국에 선언했죠.

"미국이 우리를 고립시키는 것을 더 이상 방치하지 않겠다. 우리는 서로 협력할 것이다. 과거처럼 미국이 한 나라를 이용해 다른 나라를 파괴하도록 내버려두지 않겠다. 이제 미국의 지도자들은 이러한 라틴아메리카의 새로운 얼굴을 봐야만 할 것이다."

미국이 붕괴될 거라고 얘기할 수 있을 때까진 아직도 먼 길을 가야 합니다. 제국이 저절로 붕괴될 거라고 얘기하는 사람들은 똑바로 판단하지 못한 거예요. 그런 일은 저절로 일어나지 않습니다. 하지만 이와 같은 경제 위기가 계속된다면, 수십억 달러를 투입하고도 은행 구제에 실패한다면, 지배층엔 전혀 유쾌하지 않은 놀라운 일이 벌어질 것 같아요. 좌파 진영에 있는 사람들이 특별히 좋아할 만한 일은 아닐지 몰라도, 어쨌든 놀라운 일일 거예요. 이제 미국이 도대체 왜 해외에 그렇게 많은 돈을 써야 하는지를 묻는 새로운 분위기가 조성될 겁니다.

"우리가 왜 이 정권과 나라들을 지원해야 하는가? 그들이 우리와 함께해야 하는 일은 무엇인가? 우리 조국이나 발전시키자."

그러한 움직임은 이미 포착되고 있습니다. 소비에트 연방이 무너진 다음에 존재했던 승리감과 희열이 거의 사라졌다는 사실에 대해 이야기해야 한다고 생각합니다. 모두가 자신이 마주해야 하는 세계가 훨씬 더 까다롭다는 것을 알고 있습니다.

'역사의 종언'이 아니었던 거군요?

역사의 종언은 전혀 아니죠. 단순히 '문명의 충돌'이라고 할 수도 없고요. 프랜시스 후쿠야마조차 세계가 자신이 상상했던 걸 넘어 변화하고 있다는 걸 인정했다고 생각합니다. 새뮤얼 헌팅턴도 사망하기 전에 발표한 글을 보면 문명의 충돌보다는 기독교 내 충돌에 대해 충고하고 있고요. 그는 미국의 백인 앵글로색슨 청교도 엘리트들이 히스패닉들의 도전에 직면하고 있다면서, 히스패닉들이 자신들의 생활 방식을 위협하고 있다고 했더군요. 이 말은 남미에서 온 가톨릭 신자들이 자신들의 생활 방식을 위협하고 있다는 얘기잖아요. 그런 의미에서 헌팅턴의 말은 잘못되었습니다. 하지만 미국 내 히스패닉 계열의 인구가 이제까지보다 훨씬 더 많아졌다는 얘기는 맞습니다. 인구통계학의 관점에서 그들의 인구 성장률은

비가톨릭 인구의 성장률에 비해 훨씬 더 높습니다. 그리고 남미에서 새로 온 이민자들은 남미와 미국을 연결해주고 있지요. 그들은 멕시코의 치아파스 주에서 벌어진 일에 관심을 기울입니다. 그들은 볼리바르 진영에도 대부분의 사안에 긍정적인 관심을 보이고 있어요. 플로리다 주의 젊은 세대 쿠바인들은 미국이 쿠바를 공격하는 것을 원치 않습니다. 지금 상황은 이제는 나이를 먹어버린 혁명에 반대했던 쿠바인들이 좋은 집을 찾아 플로리다를 비롯한 몇몇 지역으로 넘어와 보금자리를 마련하던 때와는 다릅니다. 그때와는 현격히 달라졌어요.

제가 종종 빠져드는 이상적인 분위기에서 흥미로운 질문을 던져볼까요. 남미에서 일어나는 변화가 미국의 히스패닉 계열 국민을 통해 미국으로 건너와 누구도 예측하지 못했던 새로운 변화를 만들어낼 수도 있지 않을까요. 언어적으로 미국 남부의 많은 도시에서 영어의 지배력이 도전받고 있는 건 확실한 사실입니다.

러디어드 키플링*에 대해 말씀해주시면 좋을 것 같은데요. 그는 1차 세계대전 중 아들을 잃었습니다.

키플링은 1차 세계대전 때 아들에게 나가 싸우라고 강요했어요. 사실 그 아들은 앞을 제대로 보지 못했어요. 그래서 입대가 허락되지 않았죠. 그런데 키플링이 당시 영국 정부에 행사하던 자신의 영향력을 활용했어요. 잘 알고 지내던 장군들에게 아들이 참전을 간절히 바라고 있다며 입대를 시켜달라고 부탁했죠. 그렇게 아들은 1차 세계대전에 참전하게 됩니다. 그러고는 얼마 되지 않아 전사했어요. 키플링은 이 현실을 결코 극복하지 못했어요. 그는 하고 싶은 얘기를 담아 시 한 편을 썼습니다.

> 우리가 왜 죽었는지 누군가 묻는다면,
> 그들에게 말해주오, 우리의 아버지들이 거짓말을 했기 때문이라고.

그리고 〈죽은 정치인A Dead Statesman〉이란 시에서는 이렇게 썼지요.

> 나는 일을 할 수 없었어, 그렇다고 감히 도둑질을 할

---

* Joseph Rudyard Kipling(1865~1936): 인도 태생의 영국 소설가이자 시인. 1907년에 노벨문학상을 수상했다.

러디어드 키플링.

키플링의 훌륭한 시구는 이라크 전쟁에도, 아프가니스탄 전쟁에도, 그 밖에 21세기에 벌어진 수많은 다른 전쟁에도 적용할 수 있습니다. 이 시들을 쓴 지 백 년이 넘은 세월이 흘렀지만요.

수는 없었지,

그래서 난 군중을 기쁘게 만드는 거짓말을 했다네.

이제 내 거짓말이 모두 사실이 아닌 걸로 밝혀지고,

나는 내가 살해한 사람들을 마주해야 한다네.

나한테 속아 분노한 이곳 젊은이들에게

어떤 얘기를 해야 내게 도움이 될까?

이 훌륭한 시구는 이라크 전쟁에도, 아프가니스탄 전쟁에도, 그 밖에 21세기에 벌어진 수많은 다른 전쟁에도 적용할 수 있습니다. 키플링이 이 시들을 쓴 지 백 년이 넘은 세월이 흘렀지만요.

선생의 저작을 읽으면, 런던에 살았던 폴란드 작가인 조지프 콘래드도 인용되어 있던데요.

조지프 콘래드는 위대한 폴란드 작가였어요. 런던으로 이주해 제2언어로 영어를 배워 당대 최고의 작가 중 한 사람이 되었죠. 그는 벨기에를 비롯한 유럽 국가의 식민주의에 심한 반감을 가지고 있었어요. 그런데 그 반감이 영국 식민주의에는 좀 덜했죠. 영국이 그에게 피신처를 제공해주었기 때문이에요. 그의 유명한 소설

《암흑의 핵심Heart of Darkness》은 레오폴드 왕이 콩고에서 저지른 만행을 묘사한 작품이에요.

> 그들은 정복자들이었어. 정복을 위해서 단지 포악한 힘이 필요했을 뿐이야—그건 자랑할 만한 게 못되지. 그 힘이라는 게 다른 사람들이 약하기 때문에 생겨난 우연한 것일 뿐이니까. 단지 빼앗는 것이 목적이었던 그들은 빼앗을 수 있는 것이라면 뭐든지 움켜쥐었지. 그것은 폭력을 수반한 강도짓이었고, 대규모로 이뤄진 흉측한 살인 행위였을 뿐 아니라, 앞뒤 안 가리고 저지른 망동이었어. 어둠을 상대하게 된 자들에게나 몹시 어울리는 짓거리였다고. 이 세계를 정복한다는 게 대부분 우리와는 피부색이 다르거나, 우리보다 코가 좀 낮은 자들에게서 땅을 빼앗는 약탈 행위가 아닌가. 실상을 깊이 들여다보면 결코 아름다운 일이 될 수 없어. 그런 불미스러운 행위를 구원해줄 수 있는 건 이상밖에 없지.

이 글에 대해 곰곰이 생각해보면, 20세기 말과 21세기 초에 벌어지고 있는 상황에도 그대로 적용이 돼요. 콘래드와 키플링이 묘사한 건 역사의 연속성이었어요.

아시다시피 이게 새로운 건 전혀 아니에요. 늘 있어왔죠. 그런데 과거의 지배자들이 저질렀던 이런 실수에 대해 더 많은 사람들이 알게 될수록, 더 나아질 거예요. 이런 사실은 알려져야 하고—그래서 반복되어서는 안 돼요. 만약 정치인들의 운명이 역사적으로 이를 반복하도록 정해져 있다면, 세계는 매우 슬픈 상황에 빠지게 되겠죠.

선생께서는 〈새에 관해서On the Bird〉라는 제목의 이라크 시를 인용하셨지요.

이라크 시사詩史는 매우 흥미로워요. 이라크의 주요 시인은 공교롭게도 공산주의자가 되었습니다. 대부분이 사담 후세인이 처음 권력을 쥐었을 때 추방되었어요. 얼마 지나지 않아, 첫 번째 이라크 전쟁 직전에, 사담 후세인은 국민이 그들을 그리워하고 있다는 사실을 깨닫곤 그들 중 세 사람에게 훌륭한 시를 가지고 바그다드로 와서 낭송해달라는 메시지를 보냈어요. 백만 명의 사람들이 들을 거라면서요. 세 사람은 모두 다른 망명지에 있었어요.
이라크 대사가 런던으로 가서 사디 유세프에게 이 얘기를 전했어요. 그들 중 가장 위대한 시인이었죠. 사디 유세프가 누가 우리의 생명을 보장하는 거냐고 물었어요. 대사가 이라크로 돌아가 이 질문을 전하자, 사담 후세인은 내 목의 피를 걸고 그들의 생명을 보장하겠다고 전하라고 했어요. 하지만 그들은 그것으로는 충분치 않다며, 가지 않았죠. 그들 중 한 사람인 무다파르 알나왑은 망명 후 다마스쿠스에서 살고 있는데, 이런 시를 썼어요.

> 나는 내 운명이 새와 같다는 걸
> 받아들여왔습니다,
> 그리고 나는 치욕을 제외하곤
> 모든 걸 견뎌왔습니다.
> 그러지 않았다면 내 마음은
> 술탄의 궁전에 갇혀버렸겠지요.
> 그런데 신이시여
> 새조차도 돌아갈 집이 있습니다.
> 나는 이 고향땅을 가로질러 날아갑니다
> 바다에서 바다까지,
> 그리고 감옥 뒤, 감옥 뒤의 감옥까지,
> 그곳 간수들은 각자 다른 사람을 끌어안고 있습니다.

힘이 있는 시로군요.

네.

정말 감사합니다.

매우 즐거운 대화였어요.

옮긴이의 말

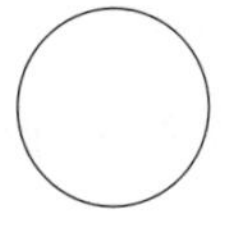

최근 들어 역사 관련 서적을 읽다보면 공연한 무기력에 빠질 때가 종종 있었다. 등장인물을 비롯하여 그 배경이 되는 시공간까지 모두 다르지만 '반역사적인' 사건이 벌어지는 양상이 놀라울 정도로 똑같은 게 뻔히 보일 때, 또는 근현대사를 읽다가 불과 몇 십 년 만에 모든 일을 깡그리 잊은 듯한 사람들의 모습을 발견할 때. 그럴 때면 '역사의 진보'라는 그 흔한 말이 과연 가능한 것인가 하는 의문이 자연스레 생겼다. 강자이든 약자이든 혹은 가진 자이든 못 가진 자이든 모두 강자와 가진 자의 자리를 차지하고픈 욕망을 가지고 있으니, 그 자리의 주인이 바뀐다 한들 역사는 끊임없이 동어 반복되는 게 아닐까 하는 허무한 마음이 들었던 것이다. 이 책의 번역을 맡게 되었을 때 유독 반가운 마음이 들었던 건 고명한 좌파 지식인들의 대화 속에서 그런 회의를 떨칠 수 있는 계기를 발견할 수 있지 않을까 하는 기대 때문이었다.

이 책에서 두 저자 타리크 알리와 올리버 스톤이 되돌아본 20세기는 불우하다. 두 차례의 세계대전, 홀로코스트, 한국전쟁, 베트남 전쟁, 걸프전쟁, 보스니아 내전 등 지난 세기 내내 계속된 처참한 전쟁, 학살, 분쟁…… 지난 세기가 그렇게 폭력으로 얼룩진 끔찍한 시대가 된 이유는 무엇일까? 이에 대한 타리크 알리의 주장은 단호하다. 바로 "부르주아 문명의 책임"이다. 이윤에 대한 욕망이 모든 것을 지배하는 부르주아 문명. 그 문명의 영향 아래 국가가 파괴적인 경쟁에 개입했고, 그 결과 수많은 사람의 희생이 초래되었다는 것이다.

새로운 세기에 들어서도 부르주아 문명의 기세는 등등하다. 각국 정부와 경제 기구는 여전히 신자유주의를 기본 정책으로 삼고 있고, 자본은 일부 다국적 기업(한국에서는 재벌)에 집중되고, 경제적·사회적 불평등 수준은 높아지고, 일자리와 미래를 한꺼번에 잃고 사회에서 철저히 배제된 계층이 속출하는 상황, 이것이 우리가 21세기 현재 마주한 현실이다.

그런데도 이 두 사람은 이런 절망적인 역사의 흐름을 극복해나갈 수 있다는 신념을 여전히 가지고 있었다. 타리크 알리가 프랑스 작가 로맹 롤랑의 표현을 빌려 자신은 "지성의 비관론자이지만, 의지의 낙관론자"라고 얘기한 적이 있다는데, 실제로 이 두 사람은 그러한 면모를 지녔다. 일례로 신자유주의에 대한 그들의 생각을 살펴보자.

두 저자는 신자유주의 극복을 위한 '희망의 축'으로 미국의 신자유주의 정책 실험실이었던 라틴아메리카를 주목한다. 이 책에서는 많은 분량을 할애하지 않았지만, 최근 타리크 알리는 《캐리비안의 해적: 희망의 축》(2006)이란 책을 통해, 올리버 스톤은 〈국경의 남쪽〉(2009)이란 다큐멘터리를 통해 볼리바르 동맹에 대해 집중 탐구한 바 있다. 볼리바르 동맹ALBA은 미주자유무역지대FTAA로 상징되는 미국 주도의 신자유주의에 맞서기 위해 2005년 베네수엘라와 쿠바의 주도로 탄생한 라틴아메리카 지역 내 국제협력기구다.

볼리바르 동맹 소속 국가는 대내적으로는 공공사업을 확장하고 시민권을 보편화하는 방향으로 국가를 재조직 또는 재편성하고자 하며, 대외적으로는 '공정무역fair trade'을 추구하면서 신자유주의 모형을 해체하고자 한다. 여기서 공정무역이란 기존의 자유무역 규범을 따르지 않고, 각국에서 자국이 가진 것을 주고 필요한 것을 받는 상호보완적 교환을 가리킨다. 그 예로 베네수엘라와 쿠바의 경우를 살펴보면, 베네수엘라는 석유를 주고, 쿠바로부터 교육, 의료 서비스를 받았다. 그 성과로 베네수엘라는 라틴아메리카에서는 쿠바에 이어 두 번째로 유네스코의 기준(문맹률 4% 이하)에 따른 '문맹에서 벗어난 나라'가 되었다. 타리크 알리는 각 나라가 국민이 필요로 하는 걸 제공하는 공공사업에 많은 정부 예산을 투입하는 것과 지역 내에서 탈상품화 공간을 창출하여 협력해나가는 것이 중요하다고 역설한다.

물론 타리크 알리 자신도 "모든 지역에서 세상이 이렇게 변화해 갈" 거라고는 생각지 않는다. 또한 신자유주의의 대안을 이야기할 때 라틴아메리카가 반드시 언급되긴 하지만, 최근 들어 베네수엘라, 볼리비아, 아르헨티나 등 일부 정부에서는 후퇴하는 모습이 보이기도 했다. 그럼에도 중요한 것은 '비관'이 아닌 '낙관'이다. 희망의 눈으로 역사를 살펴볼 때에만 답을 구할 수 있는 기회가 찾아오기 때문이다. 타리크 알리는 베네수엘라가 갑자기 '희망의 축'의 일부가 되리라고 예상한 사람은 아무도 없었다며 이렇게 말한다. "어느 정도는 낙관론을 유지하고 있어야 역사에 무슨 일이 벌어지고 있는지를 감지할 수 있어요." 이 책은 두 저자의 폭넓은 지식과 날카로운 통찰력이 돋보이는 대화로 가득하지만, 개인적으로 이 한마디가 아주 오래도록 가슴속에 남아 있을 듯하다.

역사는 현재다
우리의 오늘을 있게 한 역사에 대하여

초판 1쇄 펴낸날 2012년 2월 7일
초판 2쇄 펴낸날 2015년 9월 21일

지은이 타리크 알리, 올리버 스톤
옮긴이 박영록
펴낸이 박재영
편집 강곤
디자인 나윤영

펴낸곳 도서출판 오월의봄
주소 413-841 경기도 파주시 탄현면 참매미길 194-9
등록 제406-2010-000111호
전화 070-7704-2131
팩스 0505-300-0518

이메일 maybook05@naver.com
트위터 @oohbom
블로그 blog.naver.com/maybook05
페이스북 facebook.com/maybook05

ISBN 978-89-97889-32-7 03900

이 도서의 국립중앙도서관 출판시도서목록(CIP)은 e-CIP홈페이지(http://nl.go.kr/ecip)와 국가자료공동목록시스템(http://www.nl.go.kr/kolisnet)에서 이용하실 수 있습니다.
(CIP제어번호 CIP2014002435)